ちくま新書

聞く技術 聞いても

東畑開人
Towhata Kaito

1686

聞く技術　聞いてもらう技術

【目次】

まえがき

いきなりですが、「聞く」と「聴く」の違いをご存知でしょうか？

ＮＨＫ放送文化研究所のホームページには「ただ単に「きく」場合は一般に「聞く」を使い、注意深く（身を入れて）、あるいは進んで耳を傾ける場合には「聴く」を使います」と書いてあります。

つまり、**「聞く」は声が耳に入ってくること**で、**「聴く」は声に耳を傾けること。**

「聞く」という言葉は日常的な場面で使われます。「さっき聞いたんだけど、また株価が下がったらしいよ」とか「部長って全然聞いてないよね」とか。「伝聞」なんて言葉もありますが、なんとなく言葉が耳に入ってきたという感じがありますね。

これに対して、「聴く」はもう少し特別な場面で使われます。「あの曲を聴いてると、いろいろ思い出すよ」とか「部長にちゃんと聴いてもらったよ」とかですね。「傾聴」というと、時間をかけて耳を傾けてもらったニュアンスがあるはずです。

受動的なのが「聞く」、能動的なのが「聴く」。

あるいは、心理士としての僕なりに定義するならば、**「聞く」は語られていることを言葉通りに受け止めること、「聴く」は語られていることの裏にある気持ちに触れること。**

そんなふうに整理してもいいかもしれない。

†この本の問い

それでは、「聞く」と「聴く」のどちらが難しいと思いますか？

実を言えば、僕はずっと「聴く」のほうが難しいというか、レベルが高いと思っていたんです。

僕が専門にしている臨床心理学では「聴く」という言葉のほうがよく使われます。レジェンド臨床心理学者である河合隼雄も『こころの声を聴く』とか『読む力・聴く力』という本を出しています。

ですから、「聞く」は素人でもできる当たり前のことで、「聴く」こそが専門家の高度な仕事なのだと、僕は思っていました。カウンセラーは語られている言葉の奥底に隠れた思いを聴かねばならぬのだ、と。

浅はかでした。

どう考えたって、**「聴く」よりも「聞く」のほうが難しい。**

「なんで？」と思われるかもしれません。

でもね、「話を聞いてくれない」とは言うけれど、「話を聴いてくれない」と書くと違和感があると思いませんか？「聞けない」ことはよくあるけど、「聴けない」というのはすごくレアな例です（イヤホンが壊れたときくらいですかね）。

つまり、「なんでちゃんとキいてくれないの？」とか「ちょっとはキいてくれよ！」

と言われるとき、求められているのは「聴く」ではなく「聞く」なのです。

そのとき、相手は心の奥底にある気持ちを知ってほしいのではなく、ちゃんと言葉にしているのだから、とりあえずそれだけでも受け取ってほしいと願っています。**言っていることを真に受けてほしい。**それが「ちゃんと聞いて」という訴えの内実です。

これが本当に難しい。僕らにはどうしても相手の言うことを真に受けることができないときがあるからです。

たとえば、「愛している」と言われて「この人、遺産狙いなんだろうな」と思うとき、僕らは真意を読み取ろうとして、目の前にある言葉を無視しています。

あるいは、「あなたの言葉に傷ついた」と言われて、すぐさま「でも君にも問題があってさ」と考え始めるとき、僕らは相手の言葉を一瞬で跳ね返しています。

僕らには聞きたくないときがあり、聞く余裕がないときがある。「聞く」は声が耳に入ってくることだから簡単そうに見えるけど、僕らはしばしばその耳を塞(ふさ)いでしまうのです。

「聴く」よりも「聞く」のほうが難しい。

心の奥底に触れるよりも、懸命に訴えられていることをそのまま受けとるほうがずっと難しい。

ならば、どうしたら「聞く」ができるのか。これがこの本の問いです。

†対話が難しい時代に

実を言うと、これまで僕は「聴く」にばかり気をとられて、「聞く」について真剣に考えてきませんでした。

「聞く」は心理士として仕事をするうえであまりに当たり前のことでしたから、たとえば「話の聞き方」を教えてほしいなどと言われると、素人臭い(しろうとくさい)質問だなぁとすら思っていたのです(ああ、浅はかだ)。

考えが大きく変わったのは、2020年に朝日新聞で「社会季評」を連載するようになってからです。3カ月に一度、そのときどきの社会について評論を書かねばならなくなったのですが、そういう目で社会を見てみると、「聞く」の不全ばかりが目につきました。

今もそうかもしれませんが、そのころ社会にはさまざまなイシューがあり、それらについてさまざまな声が上がっていて、深刻な対立の様相を呈していました。ですから、「対話が大事」と至るところで語られていたわけですが、僕の目から見るかぎり、対話はうまくいっていませんでした。

言葉と言葉は岩石のように、ぶつけあうものになっていました。硬くて、強い言葉が投げつけられ、お互いを傷つけあう。必要だったのは、お互いを理解して、納得のいく結論を出すことなのに、どうにもそれが難しくなっていた。

声が上がる。だけど、聞かれない。

深い思いを汲み取ってもらえないのではなく、「それは嫌だ」と言っているだけなのに、言葉通りに受け取ってもらえない。

その結果、社会の亀裂はどんどん深まっていく。僕が目にしたのは、そういう風景だったのです。

ですから、この時期に僕が書いた評論は、徐々に「聞く」をめぐるものになっていきました。

意識的に「聞く」をテーマにしようと思ったわけじゃありません。心理士として社会に何を言えるかを考えたときに、話はおのずと「聞く」に収斂(しゅうれん)していったのです。

なぜ僕らの社会は話を聞けないのだろうか。手を替え品を替えながら、同じことを考え続けることになりました。

†「聞く」を回復する

評論を書きながら、心理士として社会というものをどう考えるか、きわめて素朴なものではあるにせよ「社会哲学」と言えるようなものが、僕の中に輪郭を持ちはじめていました。

とはいえ、その段階では連載を続けるのに必死で、「聞く」についての本をまとめようとは思っていませんでした。


転機となったのは、2021年の終わりごろに朝日新聞社で行われたオンラインイベントです。「社会季評」で書いてきた「聞く」論について、担当記者であった高久潤さんに話を聞いてもらい、新聞読者たちからの質問に答えるという会でした。

まったく予想外なことに、参加者は1000人近くも集まり（僕はせいぜい100人くらいと思っていた）、「聞く」に強い関心が寄せられていることをはじめて実感しました。

参加人数だけじゃありません。なにより驚いたのは150件近く寄せられた質問の中身でした。

政治家や経営者の話の聞かなさ、地域社会でのつながりの減少、日本社会において聞かれていないマイノリティの声、社会における「聞く」の不全についての質問はもちろんたくさん寄せられました。会の趣旨がそういうものだったので当然です。

でも、それだけじゃなかった。

家族に心の病気の人がいるのだけど、どうやって話を聞けばいいのか？

職場の部下のことを心配しているのだが、どう声をかければいいのか？

身近な人が自分のことをわかってくれない、どのような話し方をすればわかってくれるのか？

日常の中で、**話を聞くことができずに困っている人たちと、話を聞いてもらえずに苦しんでいる人たち**が、多数の質問を寄せていたのです。


「聞く」の不全。

それは社会全体が病んでいる問題でもあり、個々人が苦悩している問題でもあったのです。「聞く」はマクロとミクロの両方にまたがる切実な問題でした。

ならば、心理士である自分にも、なにかできることがあるのではないか。

だって、それこそが、**僕が日々の臨床で扱っている問題そのもの**なのですから。

夫が聞いてくれない、妻の言っていることがわからない、子どもが何を考えているか理解できない、親が何もわかってくれない。

「それは嫌だ」と何度も何度も言っているのに、あの人は全然聞いてくれない。

僕の日々の仕事はうまくいかない「聞く」について、ああでもない、こうでもないと話し合い、クライエントの日常に「聞く」を回復することにあります。

よく考えたら、僕は「聞く」の専門家でもあったのです。

今まで「聴く」の陰(かげ)に隠れていた「聞く」の価値が、にわかに浮かび上がって見えてきました。

†聞いてもらう技術?

「聞く」の不全と「聞く」の回復。

なぜ話を聞けなくなり、どうすれば話を聞けるようになるのか。あるいはどういうときに話を聞いてもらえなくなり、どうしたら話を聞いてもらえるのか。

これがこの本のテーマです。

「話の聞き方」について書かねばなりません。

素人臭いとか言っている場合じゃありません。

心理士の世界には、ある程度「聞く技術」が蓄積されています。

僕らの仕事はとにもかくにも、話を聞かないとはじまらないので、クライエントが話をしやすいように、あるいはしゃべりにくいことを話せるように、ちょっとした技術があります。

実はこれが案外、**本には書かれていない**んです。

たぶん、聞く技術があまりに具体的でプラクティカルで、個人的なものだからだと思います。

それぞれが臨床をするなかで、自分のキャラに合うように形作られた技術なので、文字にしてみると、小手先臭がしちゃって、本で書くようなことじゃない感じがするんですね。

とはいえ、小手先もそれなりに役に立つときはありますから、最初に僕なりのプラクティカルな「聞く技術　小手先編」をまとめてみました。

読者が自分なりに微調整しながら使ってもらえたらうれしいです。


ただし、本当の問題はその先にあります。

そうですよね？

「なんでちゃんと聞いてくれないの？」と訴えられているとき、小手先の「聞く技術」では、どうにも対応できません。

カウンセリングでも同じです。「聞く技術」が役に立つのは平時（へいじ）であって、本当に深刻な問題が生じて、「聞く」が試されているときには、小手先では歯が立たない。「聞く」が不全に陥（おちい）るとき、実際のところ、僕らは聞かなきゃいけないと思っているし、聞こうとも思っています。

それなのに、心が狭（せば）まり、耳が塞がれてしまって、聞くことができなくなる。自分ではどうしようもできなくなってしまう。

これこそが、問題の核心です。

ならばどうしたらいいか？

結論から言いましょう。

聞いてもらう、からはじめよう。

あなたが話を聞けないのは、あなたの話を聞いてもらっていないからです。心が追い詰められ、脅(おびや)かされているときには、僕らは人の話を聞けません。

ですから、聞いてもらう必要がある。

話を聞けなくなっているのには事情があること、耳を塞ぎたくなるだけのさまざまな経緯があったこと、あなたにはあなたのストーリーがあったこと。

そういうことを聞いてもらえたときにのみ、僕らの心に他者のストーリーを置いておくためのスペースが生まれます。

「聞く」の回復とはそういうことです。

「聞く」は「聞いてもらう」に支えられています。したがって、「聞く技術」は「聞いてもらう技術」によって補われなくてはなりません。

「聞いてもらう技術」？

ふしぎな言葉に聞こえるかもしれません。その感覚をぜひ覚えておいてください。このふしぎさこそが、「聞く」のふしぎさであり、そして「聞く」に宿る深いちからであって、この本でこれから解き明かしていく謎であるからです。

†いざ、「聞く」の世界へ

前置きはこれくらいにして、そろそろ本編に入っていきたいところなので、最後にこの本が3種類の文章からできていることだけ説明しておきましょう。

ひとつめは実用的なマニュアルです。最初に「聞く技術 小手先編」が、それから中盤には「聞いてもらう技術 小手先編」が置かれています。

これらは読者が日常で使うことを想定して書かれたものです。日々の生活に役立てていただければと思います。

ふたつめは「社会季評」として書かれた評論たちです。そのときどきの世相と絡めながら、「聞く」をめぐって書かれた短い文章たちが、それぞれの章の冒頭に置かれています。

新聞読者に向けて書いたものですから、難しい文章ではないと思うのですが、字数の制限もあって、凝縮した表現がなされているので、もしかしたらわかりにくいところもあるかもしれません。

ですから、3つめは「社会季評」の背景にあったアイディアをカウンセラー目線でわかりやすく解説した文章となります。心理学や人類学の知見を紹介しながら、なぜ「聞く」は不全に陥り、いかにしたら「聞く」を回復することができるのかを、章を追って順番に説明していこうと思います。

少しずつ体温の違う3種類の文章。これらが「聞く」の社会的、日常的、そして臨床的な姿を浮かび上がらせ、そこに通底する本質を描き出してくれたらと願っています。

しばし、あなたの耳を貸してください。

あなたとあなたのまわりの「聞く」を回復するために、僕の話を聞いてほしい。

はじめましょう。**いざ、「聞く」の世界へ。**

聞く技術 **小手先編**

世の中には膨大な「聞く技術」の本があります。それらを買いあさり、読みこんでみました。

その結果わかったのですが、それらの本が主張しているのは、**「余計なことを言わずに適切な質問をしよう」**に尽きます。

そのとおり。

日々カウンセリングの仕事をしている実感と、完全に一致します。

誰かの話を聞こうと思うなら、相手に合わせて、「余計」なことを言わずに「適切」な質問をしましょう。これが本質。

以上。

絶望的な結論だと思いませんか？

だって、「余計」と「適切」をどう判断すればいいのかがわからなくって、みんな困っているのですから。

日本刀職人に「どのくらいの力で鉄を叩けばいいですか？」と尋ねて「ちょうどいい感じでやるんだよ」と言われてしまうようなものです。

本質は残酷です。結局、**「程度の問題」**になってしまって、困っているときに助けになりません。

ですから、小手先の話をしましょう。

心理士仲間と話していて、「ああ、そういうのあるよね、俺もやってる」と意気投合できるような小手先の技術がいくつかあるので、それらを紹介してみたい。

小手先のいいところは元気が出るところです。程度の問題と言われると「どうせ私には無理なんだ……」とやる気がなくなりますが、明日から使える小手先は「ちょっとやってみるか」と思えます。

所詮小手先ではあるのですが、されど小手先でもあります。誰かの話を聞くために、以下の小手先を使ってみてはいかがでしょうか。

先に、ご紹介する12の小手先をお見せします。

1 時間と場所を決めてもらおう
2 眉毛にしゃべらせよう
3 正直でいよう
4 沈黙に強くなろう
5 返事は遅く
6 7色の相槌
7 奥義オウム返し
8 気持ちと事実をセットに

9 「わからない」を使う
10 傷つけない言葉を考えよう
11 なにも思い浮かばないときは質問しよう
12 また会おう

　さてさて、カウンセラーたちが普段使っているささやかな小手先たち、一体全体どんなものか？

†1 時間と場所を決めてもらおう

　と言いつつ、最初から本質的な話になってしまう気もするのですが、話を聞くために最も重要なのは設定です。

　設定というのは、たとえば時間や場所のことです。

　話をするための時間がどれくらいあるかによって、話す内容は変わってきます。基本的には、しょっちゅう会っていて、時間が長いほど、深い話ができます。

それから場所。みんながいる広間でしゃべるか、二人きりの密室でしゃべるか。基本的には密室のほうが深い話ができるけど、広間のほうが安全に話ができます。あとから、しゃべらなきゃよかったと思う話をしないで済むのが、広間のいいところです。

ですから、誰かの話をきちんと聞かなきゃいけなくなったら、どういう場所で、どれだけの時間、話をするのか、相手に選んでもらうといい。決定権を委ねましょう。

「どこで話そうか？」「どれくらいの時間あるといいかな？」と尋ねてみるのが小手先その1。相手がちょうどよい（程度問題！）設定を提案してくれるはずです。

†2 眉毛にしゃべらせよう

設定が決まったら、次は小手先中の小手先。眉毛です。

知り合いの心理士は「話を聞くには眉毛が大事」と眉をひそめながら断言していました。

別に眉毛じゃなくてもいい。話を聞くためには反応がオーバーであったほうがいい、ということです。

眉毛のいいところは、眉をあげるかひそめるか、表情が二通りくらいしかないので、大変シンプルで、使い勝手がいいことです。

あなたにも得意な表情の動かし方があると思います。動かしやすい部位をフル活用しましょう。

目を見開く、口を引き締める。耳と鼻はたいして動かないんで、役に立ちにくいけど、鼻をぴくぴくさせる人もいるかもしれません。あと、身を乗り出すみたいな、姿勢で反応するのもありですね。

ようは**「反応している」のが大事**です。反応があると人はうれしいものです。眉毛がクイっとあがるだけで、ちゃんと聞いてもらっている感じがして、もっと話をしたくなる。

ただし、嘘はだめです。

眉毛は心に起きたことをオーバーに表現しているのであって、何も感じていないのに眉毛だけ動かしてはいけません。それだと、ただの眉毛を鍛えてる人です。

あるいは、いつもは眉毛が動いているのに、今は眉毛が動いていないというのも立派なコミュニケーションです。話がうまく伝わっていない、ということを動いていない眉毛が伝えてくれます。そうすると、相手は説明を重ねてくれることでしょう。

とにかく、眉毛にしゃべらせましょう（鼻でしゃべれる人はそれでもＯＫ）。

†3　正直でいよう

嘘はダメ、というのは大事な話なので、もう少し詳しく。

倫理的にだめという話ではなくて、嘘は話を止めちゃうのが問題です。嘘をつくと、こっちの気持ちが萎縮してしまうんですね。それで話が盛り上がらなくなってしまう。

それから、あとから嘘がばれてしまったときに、相手に話したことを後悔させてしまうのも大問題です。

ただし、これは気持ちを正直にすべて言おう、という話ではありません。言いにくいことについては、**黙っておくのはあり**です。「言わないでおく」のは嘘じゃない。思ってもないことを言うのが、だめです。

だから、ちょっと思っていることであれば、あえてオーバーに言うのはあり。

たとえば、とりあえず味方になってほしいという会話ってありますよね。「私が悪かったと思う？　彼が悪かったと思う？」と聞かれたとき、9割彼女が悪いけど、1割でも彼が悪いと思った場合には、「彼が相当悪いよ」と言ったらよい。

その1割は本当の気持ちですし、そう言わないと、彼女は続きを話してくれないでしょうから。とはいえ、1割もそう思っていなかったならば、何も言わずに「うーん」と沈黙しているのがいいですね。

正直でいましょう、馬鹿正直でなくてもいいから。

†4 沈黙に強くなろう

ここで**小手先の王様**である沈黙について、話しておきましょう。沈黙を増やすだけで、あなたは話を聞けるようになります。

学生にカウンセリングのやり方を教える授業があります。カウンセラー役とクライエント役に分かれてもらって、カウンセリングのロールプレイをやってもらうのですが、このとき学生がもっとも苦手なのが沈黙です。

カウンセラー役なのに、ひたすらしゃべっちゃうんですよ。

というのも、気まずい沈黙になるのを恐れているからです。相手の話が途切れるタイミングで、何かしゃべらないといけないという強迫観念があるかのようです。

誰かが話したら、ツッコミを入れて、場を盛り上げないといけない。現代にはそういうノリの良さを強制するところがあるのかもしれません。そうすると、場の空気は保たれるかもしれないけど、残念ながら話は聞けなくなります。

カラオケに似てますね。人が歌っているときに、この曲が終わったらどう感想を言おうかとか、次の曲は何を入れようかと考えていると、全然歌とか聞いていられないじゃないですか。

聞くために必要なのは沈黙です。

こちらから話題をふって、それに反応してもらうのではなく、相手の中から話題を持ち出してもらう必要がある。大事な話をする前は気まずいものなのですから、多少気まずい沈黙に耐えられる必要があります。

とりあえず黙ってみて、**間を作りましょう**。野球みたいなものです。テニスだと、ボールがぽんぽん行き交っているわけですが、野球は1球1球ピッチャーも考えてから投げますよね。ペースがゆっくりしています。

情報交換のための話は、ペースが速いほうが効率がいいかもしれないけれど、心の苦しいところを聞こうとするのであればペースは遅いほうがいい。沈黙がたくさんある会話には、心が滲(にじ)み出してくるものです。

とはいえ、沈黙がどうしても苦手な方もおられるでしょうから、そのための小手先をお教えしましょう。そう、「返事は遅く」。

†5 返事は遅く

相手の話が終わったら、すぐに何かをしゃべりだすのではなくて、**5秒待つ**。頭の中で数を数えてもいいのですが、それだと数字マニアみたいですから、相手が話していた内容について反芻(はんすう)するほうがいいかもしれません。

こういう意味で言ってるのかなとか、なんて言おうかなとか、これ言っていいのかなと、考える。その時間が沈黙になってくれます。

気まずさに超絶弱い人であれば、「うーん」とでも言って、考えている時間なんだよという雰囲気を醸(かも)し出してもいいかもしれません。

やってみてください。

5秒くらいは相手は待ってくれるものだし、待てない人はさらに話を重ねてくれるものです。そうすると、相手のペースで話が進んでいきます。

†6 7色の相槌

次に返事の内容についての小手先をお教えしましょう。とりあえず相槌を打ちましょう。

学生の頃に教わった先生が『プロカウンセラーの聞く技術』（東山紘久）というベストセラーを書いているのですが、そこには「7色の相槌を打て」と書いてありました。

7つくらい相槌があると、話が聞かれてるかんじがするらしい。

「うーん」「ふーん」「なるほど」「そっか」「まじか」「だね」「たしかに」とかね。これ、書いてみるとバカみたいな話なんですけど、けっこう真理です。

原理的にはオーバーリアクションと一緒です。相槌が変わることによって、心がきちんと反応しているのが伝わるわけです。

ちなみに僕が普段使う相槌は3つくらいです。年を取るとともに、だんだん少なくなってきました。

達人とかになると「うむ」ひとつでいけるのかもしれない。虹のように色彩に富んだ奥深い「うむ」。カッコいいですね。

†7　奥義オウム返し

これは7色の相槌の応用編で、臨床心理学に古くから伝わっている秘伝です。アメリカの臨床心理学者カール・ロジャースのカウンセリングが、日本で流行った時期によく語られていました。

オウム返し、つまり相手の話を繰り返す。「悲しいです」って言われたら、「悲しいんですね」みたいな。

これも一見バカみたいな話なんですけど、案外いいんですよ。相手に何を言っていいかわからないときとか、沈黙が苦しいときとか、5秒考えても何も思いつかないときとか、使うとよい。

相手の話を繰り返すだけで会話が成立するから不思議です。「巨人はグーグルだよね」と言われたら、なんと返事していいかわからないですよね。だから、「あ、グーグルなんですね」ってオウム返しすると、「そうなのよ、だってさ」と相手は話を続けてくれます。

ただこれ、最後の手段というか、**奥義なんで、危険もあります。**

小手先臭が半端ないんです。奥義を連発していると、バカにしているのかって、怒られることがある。普通に返事できるときは普通に返事したほうがいいと思います。

僕の場合は「〇〇ということで合ってる?」って応用したりします。**オウム返し改**です。相手の言葉を言い換えることもあるし、そのまま言うこともあります。

これはけっこうよくて、こっちが認識を間違ってたときには、相手がもっと正確なニュアンスを教えてくれます。

話がすれ違ってるときは、今すれ違っている、と共有できたほうがいい。そこから話はより深まっていきます。

†8 気持ちと事実をセットに

ここからは話を聞くための質問に移っていきましょう。どんな小手先を使えば、いい質問ができるのか。

質問の基本は **「詳しく訊く」** に尽きます。「もうちょっと詳しく教えて」がベーシックな小手先。ひとまずはそのように尋ねてみるといいのですが、もう少し工夫することもできます。

相手が気持ちを話しているとき、「具体的に何が起きたの?」と事実を聞く。「彼氏とのあいだでひどいことがあって、すごい疲れた」とか「上司との関係がつらい」と言われても、よくわからないじゃないですか? だから、「何があったの?」と尋ねて、具体的なエピソードを話してもらうと良い。

逆に、相手が事実だけを話しているときは気持ちを聞きましょう。「友だちと遊びに行ったら、遅れてきて2時間も待ったよ」と言われると、つい「ひどい！」と言いたくなるけど、そこは**5秒我慢してください。**そのうえで「どう思ったの？」って聞いてみる。

もしかしたら「すごい豊かな時間だった」と彼は語りはじめるかもしれません。そうすると、今まで知らなかった彼の心が見えてきます。

事実と気持ちがセットで語られるとき、心は伝わってきます。だけど、普段の僕らは事実と気持ちのどちらかだけを話すようにしているものです。相手に心が伝わらないようにしているんですね。

それはそれで、悪くはない。

日々のコミュニケーションは、相手に心が伝わらないようにしておいたほうが安全ですから。でもね、あなたがせっかく話を聞こうとするのなら、両方がセットになるように聞いてみましょう。

気持ちを語っていたら事実を尋ねる。事実を語っていたら気持ちを尋ねる。これが質問のための小手先。

†9　「わからない」を使う

もうひとつ、これは小手先というよりは、小手首くらいの難易度になっているのかもしれないのだけど、突っ込んだ質問をするうえで役に立つのは、「わからない」という言葉かけです。相手の話を聞いていて、よくわからないと思ったときは、話が深まるチャンス。

たとえば、「中間テストで85点しかとれなくて、もう死にたい」と相手が言っていたとします。嘘をついているわけじゃなくて本当につらいのだろうとは思うのですが（ちなみに**相手を正直だと仮定する**のも、重要な小手先です）、僕としては85点も取れてるんだったら十分じゃんと思うし、そもそも中間テストで死ぬ必要はないと思います。なんでそう言っているのか、よくわかりません。

そういうときにわかったふりをしてはいけない。正直でいよう。

「僕の場合85点だったらけっこういい点だと思いそうな気がするんだけど、なんで死にたいとまで思うの？」と聞いてみるとよい。すると、「95点以下をとると、スマホを没収されるから」と語り始めるかもしれません。その子の独特な家庭環境がそこに浮かび上がってきます。

人の話を聞くときって、相手の話を否定せずに丸呑みしないといけないと思うかもしれませんが、そんなことはない。わからないときは「わからない」と伝えるべきです。

ただし、「わからない」と伝えることで、相手を否定してはいけない。それはあくまで自分と相手が違うところを明確にする言葉です。**「私だったらこう思いそうな気がするけど、なんであなたはそう思うの？」**と尋ねると、相手は自分について語りやすくなる。

†10 傷つけない言葉を考えよう

それから、話を聞いていると、意見を言いたくなるときがあります。

聞く技術系の本には、自分の意見を言うな、とにかく聞けと書いてあるものも多いのですが、僕は意見があるのならば、言ってみるといいと思います。一方的に話を聞かれるよりも、きちんと相手が意見を言ってくれるほうが、ちゃんと聞いてもらえた感じがしますから。

このときの小手先としては「……と思うんだけど、どう思う?」と、**最後を疑問形にする**とよい。すると、異論があれば言いやすくなります。強制さえしなければ、意見を言うことでより多くの話を聞けると思います。

ただし、注意すべきことがあります。

意見を言うときは5秒ではなく、10秒考えることです。20秒でもいいですよ。とっさに反応するのではなく、ゆっくり考えてから言葉にする。

何を考えるのかというと、相手を傷つけない言葉です。

自分のセリフを、頭の中でできるだけ推敲してください。相手を傷つけないような言葉を探すことじたいが、相手の心を考えていることを意味しています。そういう時間はとても貴重です。

もし傷つけそうな言葉しか思いつかないようであれば、30秒でも1分でも推敲に時間をかけたらいいと思います。相手は待ってくれますし、待てなくなったら新しい話を始めてくれます。そしたらあなたはまた「聞く」に戻ればいい。

自分の意見はまた今度でいい。

そのときには傷つけない言葉が思い浮かんでるかもしれないし、そもそも別に言う必要のない意見だったと気づくかもしれないし。

†11 なにも思い浮かばないときは質問しよう

ただし、どうしてもこちらが意見を言わなきゃいけないときもあります。相手が意見を求めているときです。

「どうしたらいいと思う？　教えて」そう乞われたら、やっぱりきちんと応答する必要がありますね。それが話を聞く責任というものです。

問題はあなたに**いい意見がないとき**です。そういうとき、僕らは焦ってしまって、自分でもそれでいいのかどうかわからない意見を言ってしまうものですが、そういうときはちょっと待って、質問しましょう。

「どういうことを知りたい？」「なにについて聞きたい？」と尋ねてみるとよい。結局のところ、答えづらい質問というのは、質問している側も自分が何を聞きたいのかよくわかっていないことが多いし、こちらも相手の質問の意図を測りかねています。もう少し相手に話してもらって、「なるほど」と思えるようになるまで、聞くのを続けたほうがいい。

秘技質問返し、これも大事な小手先。

12 また会おう

さてさて、さまざまな小手先を紹介してきましたが、最後に最終奥義となる小手先をご披露しましょう。

話を聞くために真に役立つのは、もう一回会うことです。

話というのは、かならず煮詰まるんですね。一回話を聞いて物事が解決することってほぼなくて、話せば話すほど、どうにもならない気がしてくる。

そういうときは、一度時間を置くのが良い。無理しない。その場で問題を解決しようとしない。

「私も考えとくから、また会おう。いつが空いてる?」と伝えましょう。次の約束があると、人は考えるちからが湧いてきます。待ってくれている人がいるって、大きいです。

すぐに言葉にならないことも、1週間考えていれば言葉になったりする。**時間が仕事をしてくれる。**

なので、うまく聞けないと思ったときは、もう一回会うことにする。

結局のところ、これに尽きると思うんです。名人芸みたいに聞くのがうまい人よりも、聞くのは下手でも根気強く時間を積み重ねてくれる人のほうが、最終的には頼りになると思いませんか?

†小手先の向こうへ

いかがでしょうか。これらの小手先が、話を聞くためにちょっとは役に立つといいのですが。

ただし、実は問題があります。

小手先が使えるのって、余裕のあるときだけであることです。余裕がなくなると、小手先のことなんて考えていられなくなります。違いますか？

しかもね、**余裕があるときには、小手先なんかなくても、僕らは人の話をきちんと聞くことができます。**だって、「聞く」ってみんなが普段からやっている、人間の基本的な営みなのですから。

わかりますか？　ここが難しいんです。

うまく話を聞けないから、あなたは聞く技術を必要としている。だけど、聞けないのはあなたが余裕を失くしているからであって、そういうときには小手先を教えられても、うまく使えません。

世に流通する聞く技術が抱える根本的な矛盾がここにあります。

だとすると、必要なのは小手先以上のことです。僕らは小手先の向こうへ行かなくてはいけない。

ならば、余裕がなくなるのはどういうときなのか？

答えはシンプル。**相手との関係が難しくなっているとき**。これです。

ムカつく同僚の話、ギクシャクしているパートナーの話、対立しているチームメイトの話。こういうものを僕らは聞けません。頭では5秒待とうと思っていても、1秒たりとも待てなくなり、即座に反論してしまいます。

それだけじゃない。

相手も穏便じゃないから、秘伝オウム返しなんて使おうものなら、ムカつかせること間違いなし。

詳しく尋ねるための小手先だって「うるさい！　どうしてそんなこともわからないんだ！」って気分を害するものになってしまいます。

聞くことの本質は、相手との関係性にあるということです。

関係がよければ話を聞けるし、関係が悪くなったなら、話を聞けなくなります。

話が聞けないのは、技術がないからではなく、関係が悪くなっているからです。

だから、次のように問わなくてはなりません。

相手との関係が悪くなったとき、それでも話を聞くためにはどうしたらよいのか？

答えはシンプル。

まずは**聞いてもらう、からはじめよう。**

話を聞けないときには、あなた自身が誰かに話を聞いてもらう必要がある。

どういうことか、これを次章から見ていこうと思います。

ここに「聞く」の秘密があるはずです。

第1章　なぜ聞けなくなるのか

†届かなかった言葉

「なぜ人々は話を聞かないのか」去りゆく首相の心に、そんな思いが去来しているかもしれない。この1年、首相はあまたの言葉を発してきた。社会の危機に対応すべく、さまざまな説明をし、さまざまな施策を発表してきた。だけど、そのときの言葉を一つでも覚えているだろうか。緊急事態宣言もそうだ。大きな声で呼びかけられたその言葉は、どれだけの耳に届いただろうか。

コロナ禍の初期、ドイツのメルケル首相はテレビ演説を行い、国民に不自由を強いる緊急事態をわび、協力を求めた。コンサートを失った人々の落胆にまで思いを至らせ、人と人との付き合いが閉ざされる痛みを語った。時代の記憶に刻まれた彼女の言葉と、わが国の首相の言葉は何が違ったのだろうか。

言葉が届かない。これが政権の寿命を縮めた。だから、「なぜ聞かないのか?」と問いたくなったとしても不思議ではない。だけど、その問いは不毛だ。コミュニケーションがうまくいかないとき、その原因を相手の耳に求めるならば、事態は余計にこじれていくだけだからだ。関係の改善を望むのであれば、問われるべきは自分の言葉だ。いや、違う。より根源的な問題は自分の耳にある。話を聞いてもらうためには、先に聞かなくてはならぬ。**聞かずに語った言葉は聞かれない。**

とはいえ、「聞く」が簡単ではないのも事実だ。私たちだって普段は失敗し続けているではないか。たとえば、あなたに同居しているパートナーがいたとしよう。日々、食卓で、リビングで、外出先で、膨大な言葉を交わしているはずだ。だけど、そういうとき、おおよその話が聞き流されている。互いに相手が何を考えているのか大体「わかっている」から、ちゃんと聞かなくても会話はそれなりに成立するのである。

悪いことではない。普段はそれでいい。話をきちんと聞かなくたって、なんとなく回っていくのが日常の良いところだ。毎夜の食卓でパートナーが何を言い出すのかわからないのだとしたら、個人的な緊急事態宣言が出ていると思ったほうがいい。

だけど、それでは立ちいかなくなるときがある。ある晩、パートナーが「全然話を聞いてない！」と声を荒らげ、ムッと黙り込む。平和なはずの食卓が突如緊迫する。「わかっていなかった」ことが露わになる。よく知っていたはずの相手が見ず知らずの遠い他者に変貌する瞬間だ。孤独をにじませたパートナーは訴える。「なぜ話を聞かない？」

緊急事態だ。二人の関係は危機に陥っている。ひどい言葉が飛び交うかもしれない。話を聞かれなかった痛みを伝えようとすると、どうしてもシビアな言葉になる。それでも、関係を続けたいと望むならば、あなたは「聞く」を再起動しなくてはならない。自分の失敗を認め、何を聞けていなかったのかを尋ね、シビアな言葉に身をさらす必要がある。

そう、「聞く」はその優しげな語感と違って、本当はタフな営みなのだ。**「聞く」は関係が円滑なときではなく、不全に陥ったときに必要とされる。**そのとき、あなたは孤独だ。親しんだ相手との日常的な関係から切り離されて、一人で異質な他者と向き合わねばならないからだ。

それでも、その刺すような時間に踏みとどまることには報酬がある。そこで感じる孤独が、相手の中にあった孤独を想像することを、ほんの少しではあるにせよ可能にしてくれるからだ。遠くの耳にまで届く言葉が生まれるのはそういうときだ。思い出してほしい。東独で育ったメルケル首相は、自身がかつて移動を制限されていた痛みに言及しながら、人々が感じているであろう痛みを言葉にしていた。シビアな痛みから生まれる言葉だけが、孤独の向こうにまでたどり着ける。

政治とは本質的に孤独を伴う仕事なのだと思う。人々の対立する利害を調整しようとするならば、当然両方の側から「わかっていない」「ちゃんと聞いていない」と突き付けられる。だから、政治家は孤独に強くなくてはならない。シビアな場に一人で踏みとどまり、遠い他者の声を聞く力が必要なのだ。

だとすると、**首相に足りなかったのは孤独ではなかったか**。ごく近しい仲間と強固につながることに腐心した結果、遠くの他者と一人で向き合うことが難しくなっていたのではないか。まもなくその首相は去り、新しい首相が誕生する。誰を選ぶかをめぐり、仲間同士の密なコミュニケーションがなされていると思う。安全な日常が続く平時ならば、それでいいのかもしれない。だけど、今が本当に緊急事態であるならば、シビアな「聞く」を再起動せねばならない。そうでないと、政治と人々はあまりに遠く離れてしまう。

分断が刻まれた社会に必要なのは、宣言一つで人々の気持ちを一つにすることではないはずだ。谷間を無理に埋めるのではなく、谷間は谷間として存在を認めること。そのうえで、谷間の向こうからの声を聞き、遠くの耳にまで言葉を届けること。バラバラになった孤独たちの間で、それでもなお言葉が行き交い続けることによってのみ、社会はかろうじて存続しうると思うのだ。

（朝日新聞、2021年9月16日付朝刊オピニオン面）

†社会に欠けているもの

「聞く」について真面目に考えねばならぬ、と切実に思ったのは、この評論を書いていたときです。僕らの社会に今、**もっとも欠けているのは「聞く」**だと思ったからです。

「聞く」が問題になるのって、伝えたいことがあるのに、聞いてもらえないときです。いくら言葉をソフトにしても、ロジックをわかりやすくしても、あるいは明確なエビデンスを示したとしても、相手は全然わかってくれません。

それどころか、言葉を尽くせば尽くすほどに、相手は言葉で殴られているように感じているようです。硬い言葉を投げつけられたら血が流れるし、柔らかい言葉で打たれたら痣になります。結局、言葉は心に入っていきません。

あなたにもそういう経験があるのではないでしょうか？

たとえば、親がいろいろと言ってくるけど、騒音にしか聞こえず、何を言っているかはまるで頭に入ってこない。

あるいは、あなたは親の立場を経験しているかもしれません。「勉強したほうがいいよ、将来の幅を今せばめないほうがいい」と正論を言っているのに、子どもは「うるさい！」とやはり騒音のようにしか聞いていない。

カウンセリングでも似たようなことが起こります。

クライエントから「先生は何も言ってくれない」と言われることがあります。実際には僕は「あなたの問題は○○なんじゃないか」とか「××することで苦しくなっちゃってるんじゃないか」とかと言っていて、話を整理したり、アドバイスをしたりしていたつもりなのですが、言葉が全然届かなくなっている。

そのとき、**問題は言葉の中身にはありません。**

そうじゃなくて、二人の関係性に問題が起きています。二人の間に不信感が飛び交っていて、関係がこじれている。だから、何を言っても聞いてもらえません。「なんでちゃんと聞かないの?」と言ったとしても、関係は悪化するばかりです。相手からすると、自分のせいにされたような気持になるから、余計に関係はこじれていき、言葉は届かなくなります。

当時の首相(つまり、菅さんです)の言葉の届かなさが、そういう日常や臨床の風景と重なったんです。

その頃、オリンピックをめぐって、国民からはさまざまな声が上がっていました。先行き不透明で、社会全体が混乱していた時期ですから、多くの人が行く末に不安を抱いていて、「きちんとした説明を」と求めていた。

実際のところ、首相はいろいろな説明をしていたわけで、「ワクチン1日100万回」などたくさんの言葉を語っていたと思うのですが、言葉は国民に届きませんでした。僕自身も全然耳に入ってこなかった。

首相も国民もお互いに「聞いてもらえない」と感じる悪循環が起こっていたということです。

いったいどうして、そうなってしまうのか?

†聞くは神秘ではない

逆側から考えてみましょう。

関係がこじれたときに言葉がうまく届かないとするならば、普段の僕らはそれなりにうまく言葉を交わし合っているということです。つまり、普段の僕らはほどほどに聞けている。

それなのに、僕らは「あなた、本当に聞けていますか?」と問われてしまうと不安になります。

「いや、表面的にしか聞けていないのもかもしれない」って思うじゃないですか。すると、「本当に聞く」がひどくハードルの高いことのように思えてくる(ここには「聴く」の響きがありますね)。

「本当に」って誰かが言い出したら要注意。それはあなたの自信を奪うための術策かもしれない。

実際、「聞く」技術の本って、「本当に聞けていますか？」と脅（おど）してきがちですよね。そのうえで、聞く達人が魔法のようなテクニックを教えてくれる、すると奇跡のようにして人間関係が改善すると語られます。

これは「聞く」にとって不健康なメッセージのように思うのです。

というのも、聞くって実際のところはマジカルなものではなく、平凡な日常生活で交わされている平凡なやりとりだからです。

たとえば、「郵便局行ってくるね」と言われたから、「行ってらっしゃい」と応える。「ちょっと疲れてるんだ」と言うから、「早めに寝なよ、食器洗っておくから」と応える。そういうとき、聞くは順調にいっています。

普段の「聞く」はハードルが低いんですよ。僕らは「聞く」をそれなりにこなしながら、毎日を営んでいます。

呼吸に似ていますね。

普段は自然にしているから、意識もしないのだけど、溺(おぼ)れたときには「え、どうやって息を吸うんだっけ」とわからなくなり、過呼吸になったときには「息を吐くってどうやるんだ」と混乱します。

同じように、僕らは日常生活で交わされた言葉をいちいち覚えていないし、相手も「ちゃんと聞いてくれてありがとう」といちいち感謝したりもしません。それでも普段の「聞く」はそれなりにうまくいっています。

聞くがうまくいっているとき、僕らはがんばって聞こうとして、ようやく成功しているわけじゃない。

それは呼吸と同じように、自然な生活の一部です。**人間は人間と暮らす動物なのですから。**

†「対象としての母親」と「環境としての母親」

このことを考えるうえで、ウィニコット（1896―1971）という精神分析家であり、小児科医であった人のアイディアが役に立ちます。

小児科医って、子どもと親（その時代ですから、ウィニコットは「母親」という言葉を使っていますが、ようはケアギバー、お世話してくれる人だと思ってください）をセットで見るんです。

子どもが「私はうつです」と保険証を持って、一人でクリニックにやってくることはまずありません。必ず母親が連れてきます。

ですから、ウィニコットは子どもだけではなく、診察室で繰り広げられる**子どもと母親のやりとり**＝インタラクションをつぶさに観察しながら、心の病気とか治療について考えていました。

そんな彼のアイディアでおもしろいのが、「対象としての母親」と「環境としての母親」の区別です。

「対象としての母親」というのは、たとえばあなたが今、心に思い浮かべている母親の姿のことです。

母親はこういう人だとか、こんな思い出があったとか、ひとりの人としての母親の姿があなたの記憶に残されていると思います。一人のひととして母親を思い出すとき、あなたは「対象としての母親」を意識しています。

これに対して、「環境としての母親」は、あなたに気がつかれず、意識されない母親のことです。

「環境としての母親」は見えません。ふしぎなことを言っているように聞こえるかもしれませんが、神秘的な話をしているわけではありません。

たとえば、子どもの頃、タンスを開けたら、綺麗にたたまれたTシャツがしまってありました。本当は母親が洗濯をし、干して、そしてたたんでくれたからそこにあるのだけど、あなたはいちいちそんなことまで考えなかったはずです。何も考えずに、Tシャツを取り出し、着て、学校に行く。

これを毎朝、「今日もお母さんが洗濯をしてくれたんだ、本当にありがたいな」「しわひとつないや、感謝です」と思っている子どもがいたとするなら、親子関係にかなりシビアなことが起きているのではないかと心配になります。

あるいは、あなたが今、枕もとのライトをつけて、この本を読んでいるとすると、そのときいちいち「今日も電力がきちんときてくれているんだ、ありがたい」と思わないのも同じですね。このとき、電力会社が「環境としての母親」です。

電気が来ているのは当たり前であって、感謝もされない。いちいち発電所に感謝するのは、電力事情に深刻な障害が起きているときだけです。

「環境としての母親」は普段は気づかれない。**失敗したときにだけ、気づかれる。**そういうときに、「環境としての母親」は「対象としての母親」として姿を現します。タンスにTシャツがなかったときに、「あれ、お母さんどうかしたのかな」と思い出すし、停電になったときに「発電所で何かあったのかな」と私たちはネットを検索します。

うまくいっているときには存在を忘れられ、うまくいかなかったときだけ存在を思い出される。逆に言えば、感謝もされないくらいに自然に行われているときに、お世話はうまくいっている。

母親＝お世話係というのは損な仕事なんですね。

†ほどよい母親

ですから、ウィニコットはよい子育ては「ほどよい母親 good enough mother」によってなされると言っています。perfect に good ではなく、good enough。

パーフェクトな母親とは成功しつづける「環境としての母親」のことです。彼女は失敗しません。赤ちゃんのお腹が空く前にさっと母乳を与え、お尻がむずがゆくなる直前にぱっとおむつを替えます。

パーフェクトな母親は赤ちゃんを不快にさせません。

ですから、赤ちゃんは何もしなくてもずっと気持ちのいい時間が続くので、万能感に浸（ひた）っていられます。すると、母親がそういうふうにお世話してくれていることに気がつきません。

これはよくない、とウィニコットは考えます。

パーフェクトな育児をされていたら、赤ちゃんはいつまでも母親がお世話をしてくれることに気づかず、赤ちゃんのままにとどめ置かれてしまうからです。

『千と千尋の神隠し』という映画に、**「坊」という巨大な赤ちゃん**が登場しますが、あれはパーフェクトマザーに育てられた赤ちゃんそのものですね。泣けばなんでもやってもらえるので、ずっと赤ちゃんのままです。

子どもが大人になれるのは、「環境としての母親」がときどき失敗するからです。子どもはそういうときに「対象としての母親」を意識します。万能感から少し目覚めるんですね。ああ、俺は人に何かをやってもらってるから、気持ちよく過ごせていたのだと気が付く。ここに成長の萌芽があります。

ただし、重要なのは「ほどよい good enough」というところです。母親が失敗ばかりしていたら、赤ちゃんは最悪死んでしまいますよね。「ほどよい」というのは、大体はうまくやれているけど、ときどき失敗することであり、失敗したならば、失敗したと気づいて、挽回しようとすることです。その塩梅（あんばい）が絶妙なのが、good enough。

もう一度お世話をやり直すのが重要です。

慌てて母乳をあげたり、おむつを替えたりする。すると、「環境としての母親」が回復され、子どもは再びお世話されていることを忘れることができます。

「環境としての母親」と「対象としての母親」を行ったり来たりするのが大事です。その過程で、子どもはだんだんと「ああ、お母さんにも限界があるんだ」と気づき、母親への感謝が生まれて、大人になっていきます。

†「対象としての聞く」と「環境としての聞く」

ながながとウィニコットの話をしてきたのは、普段の「聞く」がこの「環境としての母親」とよく似ているからです。

「聞く」は、日常ではほどよくうまくいっています。僕らはそれなりに人の話を聞けている。

だから、普段は聞いていることを感謝されることもないし、自分でもちゃんと聞けていることに気づきません。こういうとき、「環境としての聞く」が機能している。

誰かに「本当に聞けていますか？」と問われてもビビってはいけません。**大体は聞**

けてるんです。

自分に厳しくなりすぎても、ロクなことがありません。神経質になってしまって、余計に聞けなくなってしまう。

だから、自信を持ってください。

ただし、ときどき「聞く」が失敗するのも事実です。

自分のことに必死で、相手のことにまで考えが及ばないこともあるし、相手の好意に甘えすぎるときがあります。

そういうとき、「全然聞いていない」と声が上がります。「まったくわかっていない」と怒られるかもしれません。

気合を入れないといけません。日常は崩れて、緊急事態がやってきています。関係がこじれ始めている。

僕らは改めて「聞く」に取り組まないといけなくなります。

政治も同じなんでしょうね。

成功しているときには、政治は忘れられています。みんなが政治のことなんか考えないで済んでいるときに、政治はうまくいっている。

政治のことが意識されるのは、政治が失敗したときです。

日常が上手く回らなくなり、緊急事態に陥ったとき、「首相は何してるんだ」とその存在を思い出すわけです。「ちゃんと私の話を聞いてくれ」と声が上がる。

†失敗とは何か

だとすると、「失敗」とはなんでしょうか。

それは先の例で行けば、タンスにTシャツが入っていなかったときであり、電気が家に来ていなかったときです。つまり、あって当たり前のものが「ない」とき、私たちは何かが失敗していることに気がつきます。

欠乏。これこそが問題です。

すぐに欠乏が挽回されることもあります。

Tシャツを慌(あわ)てて洗濯機から取り出し、アイロンをかけて、タンスに入れ直してもいいし、停電は多くの場合、電力会社の努力によって回復します。備えがあり、余裕があれば、失敗はすぐさま取り戻すことができる。

ですから、「ほどよい母親」とか「ほどよい電力会社」とか「ほどよい政治」が機能しているときには、「聞く」はそれほど問題になりません。

失敗したことを詫び、すぐさま原状に復すれば、それで話は済みます。失敗したことは忘却されていきます。

しかし、どうしても欠乏を埋め合わせることができないときもあります。

アイロンをかけようにも時間がないときはあるし、電力会社のシステムエラーでしばらく停電が続かざるを得ないときもあるでしょう。

失敗をすぐには挽回できず、欠乏を埋めようがないときがある。

東京オリンピックがそうでした。

あのとき、安全が欠乏していました。

リスクを最大限打ち消そうという努力はなされていたのでしょうが、どうしてもゼロにはなりません。

人々が求める水準の安心感は得られない。

そういう中で、首相の言葉は届きませんでした。いかに安全安心であるかを語ったとしても、欠乏は隠しようもないからです。

どう取り繕ったって欠乏は存在しているのだから、言葉によって人々の不安や痛みを消すことはできません。どんなに丁寧に説明しても、その言葉は結局のところ相手の不安を無視し、痛みを与えるものにならざるをえなかった。

「聞く」に取り組まねばならないのは、そういうときです。

†痛みを聞く

欠乏を短期的に解決する見通しはありません。どうしても、相手に痛みを強いざるを得ない。そうなると、当然のことですが、不信感が生じ、関係はこじれていきます。

残されている方法は、「聞く」しかありません。

解決できない問題を前に、コンフリクトが生じています。そのときできることは、不信感に耳を傾け、自分が何に失敗したのか、相手がどのような痛みに苦しんでいるのかを聞くことだけです。

社会季評では、メルケル元首相の演説を、緊急事態で届いた言葉として取り上げました。この演説には、たしかに心に響くものがあります。

それは多分、彼女がドイツ国民の痛みについて、繰り返し言及していたからです。行動制限をして、国民に痛みを与えることについて、「心配はいりません」と言うのではなく、「あなたたちにとって痛いことを、私はせざるを得ません」と彼女は語っていました。

痛みはある。そして、そのすべてではないにせよ、部分的にはそれは私があなた方に与えるものである。

そういう苦しい事実を彼女は正面から語っていました。

メルケルの演説が届いたのは、彼女に国民の痛みが聞こえていたからでしょう。これから国民の生活がどのような困難に見舞われるか、コンサートにいけなくなる苦しさにまで思いを馳せて、それを言葉にしていました。

心にとって真の痛みは、世界に誰も自分のことをわかってくれる人がいないことです。

ですから、目の前に動かしがたい欠乏があっても、それでも誰かがその苦しさを聞いてくれ、わかってくれているならば、人はしばしばその痛みに耐えることができます。

同じような事例をアーサー・クラインマンという医療人類学者でもある医師が語っています。

彼がまだ研修医だったころに、全身やけどを負った7歳の少女が病院に運び込まれてきました。彼女の治療は激しい痛みを伴うものでした。浴槽の水につかり、焼けただれた皮膚を引き剝がさなくてはいけなかったのです。

クラインマンは絶望していました。目をそむけたくなるような事態なのに、痛みを和らげる手立てが何もなかったからです。

そのとき、クラインマンはとっさに彼女の手をつかみ、「あなたはどのように苦しみに耐えているのか、教えてくれないか」と尋ねました。すると、少女は率直に自分の痛みや絶望を語り出しました。

驚くべきことに、ただ「聞いてもらう」というだけで、少女は前よりもずっとその痛みに耐えることができたのです。

「聞く」が痛みをやり過ごすのに役立ったということです。クラインマンはここから、医療における聞くことの力を学んでいくことになりました。

繰り返します。

人間にとっての真の痛みとは何より孤独であることです。聞くには現実を変えるちからはなくとも、孤独の痛みを慰(なぐさ)める深いちからがあります。

聞くのが難しい

ただし、「聞く」がそう簡単ではないのも事実です。

この点で、クラインマンよりも、メルケルのほうが難しいことにチャレンジしています。クラインマンはあくまで第三者であり、かつ治療者ですが、メルケルは国民に対して痛みを与えている当事者であるからです。メルケルは責められかねない立場にいます。

他人の職場のひどい話を聞くのは簡単です。それこそ聞く技術を使えば、その人はいろいろと語ってくれるはずです。あなたが第三者であるときには、「聞く」はうまくいきやすい。

だけど、あなたの職場で、あなたのせいで、大変な目にあった部下の話を聞くのは大変です。あるいは、家庭内で険悪な関係にあるパートナーの話を聞くのは極めて難しいことです。

あなたは問題の当事者で、当事者同士で関係が悪くなっています。そのとき、そこには孤独がひとつではなく、ふたつあります。**聞く側も聞かれる側も孤独なのです。**

そういうとき、飛び交う言葉は乱暴になるし、ときには言葉にならない思いが行動で示されます。ドアはバタンと乱暴に閉められ、食器はガチャンとたたきつけられます。

すると、僕らはきちんと話を聞けなくなります。「どうして話を聞いてくれないんだ」と思い、ひどくみじめな思いをするからです。

「どうせわかってくれない」と思って、話を途中で打ち切ってしまったり、ひどい嫌味を言ってしまったりします。

相手を傷つけ返してしまうのです。関係性はますます悪化していきます。

普段はグルグルと回っていた「聞く」が今では、悪循環を始めています。お互いに「聞いてもらえない」と感じて、傷つきが増幅していきます。

「聞く技術」は使えません。孤独が膨(ふく)らんで、そんな余裕がなくなってしまっています。それが余計にお互いの孤独を増幅させていく。

どうしたらいいのでしょうか。

†首相に友達を

先の社会季評の最後に、首相について「ごく近しい仲間と強固につながることに腐心した結果、遠くの他者と一人で向き合うことが難しくなっていたのではないか」と書きました。

ちょうど自民党の総裁選の前でしたから、派閥の仲間とか、側近の話ばっかり聞いているのではなく、国民の声を聞かなきゃだめだ、みたいなメッセージです。「聞く」のはつらいかもしれないけど、がんばってくれよってことですね。

でも、これ、実は一抹の後悔があったんです。

新聞に載せるから、勇(いさ)ましい感じで書いちゃったんですけど、僕は首相がどんな人間関係をもっているか全然知らないし、なにより心理士として普段クライエントに**「がんばろうぜ」ってほとんど言わない**のに、首相には「がんばって」というのはどうなのか。

がんばれと言われてがんばれるなら、苦労しないですよね。

みんな、心の中では、がんばらなきゃと思って生きているし、実際のところめちゃくちゃがんばって生きています。

これ本当ですよ。

まわりから見るとサボっていると思われている人が、どれだけ内心焦って、追い詰められていることか。

それでもうまくいかないから困っているわけで、そういう人に「がんばって」と言ってもしょうがありません。余計に追い詰めてしまうだけです。

実際、その直後に、首相は総裁選挙に出馬することを断念しました。仲間と強固につながっていたわけではなく、本当は孤独だったのかもしれない。とすると、僕はすでに孤独な人にもっと孤独になったほうがいいと書いてしまったのかもしれません（いや、プライベートなことはわからないのですが）。

話を聞くためには孤独に耐える必要があります。これは事実です。

緊急事態における「聞く」はうまくいきません。そういうときに、僕らは誤解されたり、わかってもらえなかったりするので、どうしても孤独になります。

その孤独に耐えられないならば、話を聞き続けることはできません。耳を塞ぎ相手から撤退したくなってしまいます。

とはいえ、孤独に耐えるとは、つながりがなくても大丈夫な強靭な魂を鍛えることではありません。

そうではなく、誰かがその孤独についてわかってくれていることこそが必要です。**僕らは一人では孤独に耐えられないのです。誰かが隣にいなくてはいけない。**

ここには孤立と孤独の違いがあって、詳しくは次章でお話ししますが、ようは本当にひとりぼっちのときの孤独は、心を蝕(むしば)み、弱らせるだけであって、決して話を聞くちからをもたらさないということです。

お子さんとの関係で悩んでいる親御さんに、「もっと子どもの話を聞いたほうがいい」とアドバイスをしても、その親御さんは責められているように感じて、ますます子どもの話を聞く余裕をなくすことでしょう。

必要なのは、その親御さんの話を聞くことです。

なぜ子どもの話を聞けなくなってしまったのか、どれだけ親として追い詰められてきたのかを、誰かが聞いてくれてはじめて、子どもの話を聞こうという気持ちが湧いてきます。

話を聞くためには、誰かに話を聞いてもらう必要があります。孤独な挑戦をするためには、後ろで支えてくれる仲間が必要です。

ですから、やっぱり首相にしても大統領にしても村長にしても、友達がいたほうがいい。身内に便宜を図るのでは困りますが、権力を持つというのは孤独に耐えねばならないということなのですから、裏で本音を聞いてくれて、わかってくれる人がいたほうがいい。

そういうふうにわかってもらえているからこそ、身内に厳しくする汚れ役ができるわけで、**誰にもわかってもらえてないならば、身内にだけ甘くて、他人に厳しくなってしまうのが人の性(さが)ですよね。**

†聞くはグルグル回る

まとめましょう。

「聞く」は普段はグルグル回っています。だけど、欠乏によって、その循環が壊れてしまう。そういうときに、孤独が生じ、関係が悪化していきます。

「聞く」が改めて必要になるのは、ここです。

欠乏は変えられなくても、そこにある孤独と向き合うことはできます。自分のせいで痛みを与えていることを、聞く。それが、関係が悪化しているときに、何よりも必要なことです。

「聞く」とは**「ごめんなさい、よくわかっていなかった」**と言うためにあるのだと思うのです。

おそらく、今「聞く」がこれほどに必要となっているのは、社会が慢性的な欠乏状態にあるからなのでしょう。

「失われた30年」と言われるように、僕らの社会は残念ながら、うまくいっていません。少子高齢化や格差など課題は山積みで、多くの人が不安を抱えています。

そして、それを短期的に解決することも、社会にはできません。ある課題をケアすれば、別の課題が生じるというように、資源が圧倒的に不足しているから、人々の痛みを消すことができずにいる。

余裕のない社会がそれでも社会であり続けるために、「聞く」が求められています。しかし余裕がないからこそ「聞く」自体が不全に陥っている。

これが僕らの置かれている状況です。

ポイントは孤独です。

孤独こそが聞かれねばならないのですが、孤独を聞こうとすると、聞く人も孤独になります。そして、孤独になると、人は聞くことができなくなります。

「聞く」の中核にあるのは**孤独の問題**です。

ですから、聞いてもらう、から始めよう。これが処方箋になるのですが、それを有効にするためには、次に孤独について深掘りしておく必要があるでしょう。

第2章 孤立から孤独へ

†連鎖する孤独

先月、内閣官房に「孤独・孤立対策担当室」が設置された。英国の「孤独担当相」の日本版だ。誰も信じられなくなった孤独な大臣が、氷で覆われた執務室で悲しそうにハンコをついている。ついついそんなSF的な風景を想像してしまうのだが、これはシリアスな政策だ。

背景にあるのは、つながりの希薄化だ。私たちは今同じマンションに住んでいても、お互いのことを知らないし、むしろあまり知りたくない。無理やり誰かと付き合うのは面倒くさい。元気なときはそれでいいのかもしれない。自由だし、楽だ。だけど、ケアを必要とする高齢者や子ども、障害者、生活困窮者は、それだと孤立してしまう。そうやって付き合いがなくなり、孤独になると、自殺やうつをはじめとした様々な心身の問題が引き起こされる。これに国家が本腰を入れて取り組もうとしたのが、英国の孤独担当相であり、わが国もそれに続いた。

違和感を持つ人もいるかもしれない。孤独は良きものではないか。そういう声が聞こえてくる。実際、五木寛之の著書『孤独のすすめ』をはじめ、孤独の豊かさを説く本は少なくない。わずらわしい人付き合いから離れ、自分と向き合う。すると、個が磨かれ、成熟がもたらされる。そういう立場からすると、政府が孤独という内面的でプライベートな問題に介入することには疑問符がつくことだろう。

ここには誤解がある。たしかに「豊かな孤独」も存在するのだが、それは心の中に安全な個室があることを前提としている。その個室に入り込めば、ひとりで安らいでいられる。**そういう孤独を持てる人は幸運だ。**しかし、孤独な大臣が対策を練っている孤独は違う。

たとえば、不登校の子ども、ひきこもりの青年、孤立するシングルマザー、老いたホームレス。彼女彼らは外から見ると、ポツンとひとりでいる。だけど、彼らは心の中では暴力的な声に脅かされている。「お前は迷惑だ」「無価値だ」「気持ち悪い」。彼らの心の個室には暴力的な他者が住んでいる。この「暴力的な孤独」こそが問題だ。

なぜ心に暴力的な他者が住んでいるのか。それはかつて、暴力を受けたからだ。虐待やDVがあったかもしれないし、学校や職場でいじめやハラスメントがあったかもしれない。その被害の体験が、彼らの心に暴力的な他者を残す。

いや、そのようなわかりやすい暴力だけが問題ではない。社会にはひそやかな暴力が吹き荒れている。たとえば、失職し、ハローワークの窓口に並ぶとき、「お前は迷惑だ」という声が聞こえてくる。誰かが直接言ったわけじゃない。それは失敗したときに自己責任を問う私たちの社会そのものの声なのだ。希薄化したつながりとは、何かあれば暴力的に放り出されるつながりに他ならない。それが心に暴力的な他者を残す。

「お前は迷惑だ」。失職した父親の心に暴力的な声が響く。それを紛らわすために彼は酒を飲み、家族に暴力をふるう。すると、その子は他者を拒むようになり、クラスで孤立する。孤独は連鎖する。だから、**孤独は社会的課題なのだ。**包摂性を失った競争的な社会は、人々の心に孤独をもたらす。その孤独が連鎖してその社会を壊していく。

つながりを再建しなくてはならない。そのために、多くの人が居場所や相談窓口を整備し、孤独な人へつながりを届かせようとしている。孤独・孤立対策担当室の設置もそういう試みだ。しかし、簡単なことではない。孤独はただつながりが提供されるだけでは解決されない。孤独の最中にいるとき、人は差し出されたつながりを拒絶し、自ら破壊してしまう。心の中の暴力的な他者のせいで、そのつながりが安全なものだと思えないからだ。タフな仕事になる。彼らのおびえを理解したうえで、粘り強く関わりを重ねるしかない。心に安全な個室を再建するためには、長い長い時間が必要だ。

ただしこのとき、支援者は孤独になる。差し出したつながりを暴力的に断ち切られることが積み重なると、「自分は迷惑なことをしているのではないか」と思うようになる。氷に触れると手が凍る。**孤独に介入しようとする人は孤独になる。**だから、孤独対策は孤独な人の支援だけではなく、支援する人の支援もしなくてはいけない。母親にせよ、父親にせよ、一人では子育てができないのと同じだ。人間を相手にするためには、その裏で無数のつながりが必要なのだ。

孤独は連鎖する。だけど、私たちはつながりを連鎖させることもできるはずだ。そういう意味で、政府の中に孤独のための小さな部屋ができたのはよかったと思う。孤独は社会全体のバックアップのもとで取り組まれるべき問題なのだ。だから、孤独に対処しようとして孤独になった大臣が氷で覆われた執務室にひきこもることがないように、私たちはこの問題にまなざしを注ぎ続ける必要がある。孤独な人を支援すること、支援する人を支援すること、さらにその支援を行う人を支援すること。無限に続くこの連鎖こそが、つながりの再建だと思うのだ。

（朝日新聞、2021年3月18日付朝刊オピニオン面）

†孤独と孤立のちがい

この社会季評では触れなかったのですが、「聞く」を考えるうえで、最重要な区分けが、孤独と孤立のちがいです。

名前はよく似ているし、同じような状態を指しているように見えるけど、本当は全然違うものです。

たとえば「週末には孤独な時間がある」というと、森に囲まれた温泉宿で、一人の時間をもって、自分についてあーだこーだと考えるという感じがあり、どこか豊かなムードが漂います。

だけど、「週末になると孤立する」というと、家庭に何か問題を抱えているような深刻な空気がありますね。

孤独には安心感が、孤立には不安感がある。

少なくとも僕はそう使い分けています。

外から見ると同じです。孤独も孤立も、ポツンとひとりでいる状態です。だけど、当の本人が内側から見ている心の世界は違う。

孤独の場合は、心の世界でも自分ひとりです。

心は鍵のかかる個室にいて、外からの侵入者におびえなくていい。だから、さみしくもあるのだけど、同時に他人に煩わされずに自分のことを振り返ることができる。

これに対して、孤立の場合は、心は相部屋にいます。

そこには嫌いな人、怖い人、悪い人が出たり入ったりしています。

だから、外から見たらひとりなのだけど、その人は「あいつは俺を馬鹿にしている」「あの人から嫌われている」「私なんかいないほうがいい」という声に脅かされているわけです。

†孤立とはどういう状態か

孤立しているときには、僕らは「ひとりぼっちだ」とか「寂しい」とは思えません。みんなから馬鹿にされているとか、自分なんてダメ人間だとか、死んだほうがいいとか、心の中には自分を責める声が吹き荒れています。

そこには想像上の悪しき他者がいます。

カウンセリングをやっているとよくわかるのですが、「寂しいです」とクライエントが言いはじめたときって、そういう悪い他者たちがふと消えて、静かになったときなんですね。

心の中を飛び交ううるさい声が消えて、ポツンと一人でいる自分に気が付く。すると、**「ああ、私は寂しかったんだ」**と思える。

これが孤独です。

ですから、「寂しい」と語られるようになるとき、孤立は孤独に変わっています。

治療は前進し、心は前に進んでいます。

繰り返します。

心の世界に悪い他者がウヨウヨしているか、一人でポツンとしているか、それが孤立と孤独の差異です。

したがって、前章で述べた「孤独」にはこの二つの意味が混ざっていたと言えます。整理すると次のようになる。

孤立しているときには話は聞けないけど、孤独になれるならば話を聞くちからが戻ってくる。

†手厚い守り

重要なことは、心の中で一人ポツンといるためには、外の現実で手厚く守られている必要があることです。

たとえば、安定した仕事がある、心を許せる友人がいる、お金がある、しばらくは住んでいられる家がある。

そういうふうに現実的なサポートがあって、心が脅かされていないときに、僕らは心の個室を手に入れることができます。

前章にも出てきたウィニコットは、これを「ひとりでいられる能力」と呼んでいます。

ほら、**電車の中で本を読んでいるときみたいな感じ**です。本当はまわりに人がいるけど、それでも一人でいられる。

でもね、それって、まわりが自分に危害を加えてこないとわかっているからですよね。周囲が包丁を握りしめている乗客ばかりだったら、たとえグリーン車に乗っていたとしてもゆっくり本を読んだりしていられません。

孤独の前提は安定した現実です。

逆に言うと、現実が不安定で、厳しい状況のとき、人は孤立に追い込まれやすくなる。

お金がなかったり、仕事がなかったり、たとえそれらがあったとしても生活が不安定であるとき、まわりにたくさんつながりがあったとしても、心の中では悪い他者がウョウョしやすくなります。

孤立の問題が心の問題でもありながら、政治や経済の問題でもあるのはそれが理由です。心と社会は深く絡みあっているわけです。

†個室のちから

ホームレス支援の世界で最近広がっているのが、**「ハウジングファースト」**という考え方です。

一般的にホームレスの方を支援するときには、まずは寮や施設などに入って、次に仕事を見つけて、それが続いていけば自分で部屋を借りて自立していくというイメージがあるかと思います。だんだんステップを登っていくイメージです。

ですが、ハウジングファーストはその名のとおり、最初にハウジング＝家を手に入れるところから始めるんですね。

まず、家を提供する。それから働く。

いや、働かなくてもいい。家をもつのは人権だと考えて、とにかく家から始める。

このとき、家というのが雨風をしのげる場所ということではなく、自分だけの個室であることが大事です。

つまり、人には誰に気兼ねすることなく、部屋でおならをする権利があるし、部屋を散らかす権利があるし、お風呂やトイレにゆっくりと入る権利があるし、自慰行為をする権利がある。

プライバシーの保てる部屋を持つことは**人間の基本的な権利**だと考えるわけです。

おもしろいのは、ちゃんと働けるようになったら個室が手に入るというステップモデルよりも、最初から個室が手に入るハウジングファーストモデルのほうが、結果的には働くことの障壁が下がることです。

自分に置き換えたらわかると思うのですが、仕事が終わってから、自分の個室があるのとないのとでは、体や心の癒され方が全然違いますもんね。

がんばれば個室が手に入るというモデルよりも、先に個室が手に入ったからがんばることが可能になるというモデルのほうが人間的だと思いませんか?

「がんばれ」と人はよく言いますが、がんばるためには先に安全な環境が整備されている必要があります。

報酬を先にあげると人は怠ける(なま)から、成果を出したら報酬をあげるという制度は、一見正しいように見えて、多くの人をがんばれなくさせていると思います。

僕は野球部の補欠だったのですが、どうせ試合に出られないじゃんと絶望していたんで、ちゃんと練習してなかったと思います。**もしレギュラーにしてくれていたら、がんばって練習していたと思うんですよ。ああ無情。**

話がズレました。個室の話でした。

個室が心の健康(本当は体の健康にも)にいいのは、外から侵入してくる怖い他者を拒める(こば)からです。

鍵のかかる個室があってはじめて、僕らは自分についてゆっくりと考えることができます。そうじゃないと、まわりの他者のことばかりを考えざるを得ません。

ヴァージニア・ウルフという作家が『自分ひとりの部屋』という本で、**「女性が小**

説を書こうと思うなら、お金と自分ひとりの部屋を持たねばならない」と言っています。名言です。

小説に限りません。自分と向き合うためには、他者のことをとりあえず忘れていられるような自分だけの個室が不可欠です。


そう考えるとどうでしょうか？

僕らは案外、自分ひとりの部屋を持てていないのではないでしょうか？

たとえ、現実には鍵のかかる個室があったとしても、心の中には危険な他者たちがウョウョとしてはいませんか？

†メンタルヘルスの本質

なぜいま、担当大臣が必要なほどに、孤立が政治的・社会的な問題になっているのでしょうか？

大きな文脈としては、この20年で深刻化した新自由主義が社会をあまりにバラバラにしてしまい、個人に負荷がかかりすぎているということがあると思います。

国が対策を行う五大疾患に精神疾患が入っているように、誰もが心を病むリスクにさらされていて、メンタルヘルスが深刻な社会問題になっています。

メンタルヘルスの本質って、結局のところ「つながり」なんですね。

脳の研究がすさまじく進み、心の仕組みについて膨大な論文が書かれているわけですが、なんだかんだ言って、善きつながりをもてることが心の健康には不可欠だというシンプルな現実があります。


孤立は健康に悪い。


たとえば、虐待は養育者が孤立したときに起こってしまうし、依存症の背景には人ではなく、アルコールや薬物にしか頼れないという孤立があります。

うつだって、脳の調子の問題と思われていて、それもたしかにそうなのだけど、やはりそれだけではなく、孤立の中で生じるさまざまなストレスが大きな原因となっています。

グリンカーという文化人類学者が『誰も正常ではない』という本でおもしろい話を書いています。

アメリカのある先住民では、落ち込みや悲しみを部族の仲間と分かち合ってるかぎりは正常なプロセスと捉えられ、気持ちを人に話せなくなり、一人で抱えるようになると病気と捉えられるそうです。

心は人々の間を回遊してるのが自然で、個人に閉じ込められると病気になる。それが人間の本質なのでしょう。そういう意味では、個人主義が徹底される現代は心にとって不自然な状態だと言えます。


ですから、心の治療とは、基本的につながりを回復することです。

うつの治療は薬を飲んで脳の調子を整えることだと思われていますが、本当のところもっとも重要なのは「休養」です。

そして、「休養」を可能にするのは周囲とのつながりです。本当に一人ぼっちのとき、心も体も休むことができないんですね。

たとえば、会社を休んで、布団の中にいたとしても、「みんなに迷惑をかけている」「きっとダメなやつだと思われている」って頭の中に雑音が響いていたら、「休養」になりませんよね。

家族の理解や、職場の理解、そういうものに支えられてはじめて、僕らはようやく休むことができる。

†他者の声が心に満ちる

心に侵入し、僕らを攻撃する他者たちはどこからやってくるのか？

答えは**過去のトラウマ**から。つまり、現実に他者から攻撃された記憶から。

具体的に、不登校の子どものことを考えてみましょう。

彼は学校に行けません。人が怖いからです。みんなが自分を馬鹿にしているし、学校に来ないほうがいいと思っている気がするから、教室に行くことを考えるだけで、頭が痛くなったり、お腹が痛くなったりしてしまいます。

このとき、たとえば過去にいじめや虐待のような大きなトラウマがあって、直接的にそれが蘇(よみがえ)っていることもあります。ただし、そんなにわかりやすくないことも多い。微細なトラウマ。

実際にはたとえば家庭で、親自身も子どもを大事にしようとしているのだけど、それなのに子どもの気持ちが無視され続けているということがしばしばあります。

あるいは、ふと教師が漏らした苦笑の裏の意図が透けて見えて、自分はクラスにいないほうがいいんだと思う。

コミュニケーションがうまくいかないことが積み重なります。**その微細だけど、慢性的な傷つきが、心に深いクレーターをつくりあげ、そこに幽霊のようにして悪しき他者がウヨウヨ湧いてきます。**

こういう微細な傷つきを書かせると天才的なのが、小説家の辻村深月さんです。2018年の本屋大賞に選ばれた『かがみの孤城』をはじめ、さまざまな作品で、ストレスを抱えた大人が無自覚に子どもを傷つけるプロセスが描かれています。

孤立している人の話を聞くとは、過去に傷つきを負った痛ましい物語を聞くということなのです。

ですから、不登校の子のカウンセリングを行うときには、同時に親や教師ともコンサルテーションを行う時間を定期的に持ちます。子どもを慢性的に傷つけているコミュニケーションを変えていく必要があるからです。

大人たちも自分で気づいていないんですね。「え、そんなふうに子どもは受け取るんですか?」と第三者に言われて初めて気がつきます。

傷つける言葉を言ってしまうのには、それなりの理由がある。親も教師も強いストレスの中にいるときに、ついつい傷つける言葉をぶつけてしまうものです。

第三者がその苦労を聞くことができると、親も教師も、言葉がやわらかくなり、態度は軟化し、対応が変わってきます。

もちろん、それだけですぐに子どもが変化するわけではありません。

だけど、少しずつ周囲が平和になっていき、現実の他者が必ずしも危険ではないという感触が出てくると、少しだけ学校に対する怖さがゆるまります。心の中の怖い他者が影をひそめていきます。

保健室には登校できるようになったりするかもしれない。好きだった歴史の授業だけはクラスに入ることができるかもしれない。クラスに行ってみたら、みんな変な目で自分を見たりせず、案外怖くなかった、という体験ができるかもしれない。

こういう積み重ねが心の回復だと思うんですね。

心の中の悪しき他者が少しずつ現実の他者に置き換わっていきます。

人間には怖いところもたしかにあるけど、それだけがすべてじゃありません。案外ひとは他人に無関心だし、けっこうやさしくしてくれる人もいるものです。

そういう現実の色彩が心の絵具に混じっていくとき、僕らの傷つきは癒されていくのだと思います。

†安心とはなにか

孤立をケアするためには、具体的に何が役に立つのでしょうか。

当然のことながら、善きつながりを提供することが孤立対策の最たるものなのでしょうが、これがめちゃくちゃ難しい。

「これ、善きつながりですよ？　つながりません？」と誘われても、怖いですよね。あるいは「私は悪い人ではありません、私たちの関係は善き関係です」なんて声をかけられたら、確実に詐欺師だと思います。


つながりみたいに曖昧なものを直接提供するよりも、実は、もっとソリッドなもの、具体的に役立つものを提供することがまずは孤立対策になります。

たとえば、ホームレス支援における個室の提供は孤立対策になります。あるいは子ども食堂での食事の提供も孤立対策になります。

そして何より、お金です。**お金には孤立をやわらげるちからがある。**

というのも、それらは安心を作ってくれるからです。

安心って、結局のところ、予想外のことが起きないという感覚のことです。日々の生活で予想と同じことが起きる。変なことをだれもしてこない。

たとえば、朝出かけるときに思い描いていることが職場では大体起こって、それで予想通り家に帰ってきて夕飯を食べる。こうやって日常がグルグル回る感覚が安心になります。

いじめが深刻に心にダメージを与えるのはこれです。今日学校に行って、何が起きるか予想もつかない。これはきわめて恐ろしいことです。

お金が安心を与えてくれるのは、3カ月後も基本的にはこうやって過ごしているのだろうという感覚を与えてくれるからです。

だから、**お金はドカンと一度にもらうよりも、定期的に同じ額をもらうほうが健康にいい**わけです。

そうやって安心感を得て初めて、誰かとつながることが可能になります。不安なときに人から声をかけられたら警戒するけど、安心していたら友達になれるかもしれない。

他者とつながるためには勇気が必要ですが、その勇気は安心からしか生まれてきません。

†孤立したひととの矛盾

孤立しているひとがいるならば、誰かが声をかけてあげればいい、と普通ならば思います。でも、そうじゃないんです。

孤立しているときに声をかけられると、「こいつは俺を罠にかけようとしているんじゃないか」とか「私をだまそうとしているに違いない」と思ってしまいます。心の中に悪い他者がウョウョしているとき、現実にまわりにいる他者たちも悪いやつに見えてしまいます。

ここが孤立支援の大変に難しいところです。**支援者は味方になろうとして、話を聞こうとしているのに、敵だと思われてしまいます。**

しかも、支援者が孤立した人のことを傷つけてしまうことも実際しばしば起こります。だって、敵かもしれない人が接近してきたら怖いですし、触れてほしくないところに支援者がうっかり触れてしまうことだってある。

すると、孤立したひとは思います。俺を傷つけてきた、やっぱりこいつは敵なんだ。

孤立をやわらげるためには、善きつながりが必要です。

でも、つながろうとすると、内面に吹き荒れている悪しき他者の声が、つながりを悪しきものに染め上げてしまう。

悪しき他者を弱めるには善きつながりが必要なのだけど、それを提供しようとすると、やっぱり悪しき他者になってしまう。

堂々巡りの悪循環です。ここに悲劇があるわけで、循環を逆回転させなくてはならない。

†一瞬で解決しない

どうしたらいいのか。

きわめて凡庸な話なのですが、**「時間をかける」**しかありません。

メンタルヘルスケアのアルファにしてオメガは、つまり初歩にして最終奥義は、時間をかけて何回も会うことです。

心の変化は劇的な一瞬ではなく、見守られながら流れる地味な時間の蓄積で起こるものだからです。魔法のアドバイスや運命の出会いよりも、地道な関係性の積み重なりのほうが役に立つ。

昔スクールカウンセラーをやっていたころ、不登校の子どもの家庭訪問をやっていました。

面接室で待っていても会えないので、家まで会いに行くわけです。ところが、家に行ってもその子に会えません。眠っていて、起きてこないんですね。しょうがないから、また来週来るね、と書き置きをして帰ります。それで次の週に行くと、また寝てる。またもや書き置きをして帰る。

同じことが繰り返されます。一見なんの進歩もないように見える。

でも、同じことが繰り返されることそのものが、ある種の予測可能性になってくるんですね。あいつは来週も来て、書き置きして帰るんだろう、という。

するとある日、子どもは起きてはいます。でも、「会いたくない」と言っています、とお母さんから伝えられるんですね。「おお、起きたのか」と僕はうれしくなります。

重要なことは傷つけるために来ているわけじゃない、と伝わることです。

そのためには時間をかける必要があります。

何回も家に来ているのだけど、突然部屋に侵入してくることはないとか、変なことは言ってこないとか。

そういう積み重ねの中で、予測可能性が高まっていき、安心感が出てくると、ある日彼は食卓でパンを食べて待っていたりするわけです。

結局のところ、信頼とは時間の経過によってしか形作られないものです。

どんなに言葉を選んでも、声の調子を整えても、不信感があるときには、相手は危険な人物にしか見えません。傷つけないように配慮した時間の積み重ねでしか、安心は生まれてきません。

そのために、日本中の支援職が「また会おう」と約束をしつづけています。


時間を信じる。

それがメンタルヘルスケアの最終奥義だと思います。

†心は複数ある

なぜ繰り返し会うことが有効なのか。

何回会ってもダメなものはダメじゃないか。そう思われるかもしれないけれど、これが案外パワフルなんですよ。

このことを理解するために、**誰にでも心が複数ある**ことを思い出す必要があります。つまり、僕らの中には相矛盾した気持ちが両方あって、それらが押し引きしながら、日々の暮らしが営まれている。

たとえば、孤立しているとき、僕らの心は「他者は敵である」と思っています。少なくとも「敵かもしれない」と思っているから、誰かと一緒に居るのがつらいし、助けを求めるのが恐ろしくなって、他者を遠ざけてしまいます。

だけど、実はそれだけでもない。心のどこかで、つまりもう一つの心は「助けてほしい」とか「味方がいるかもしれない」とも思っている。

その声はあまり大きくはない。

それどころか、息も絶え絶えでかすかなものです。基本的には「他者は敵である」という声のほうが圧倒的に大きいから、その子は学校に行けないでいる。

繰り返し会うことの意味は、この**小さいほうの声**のかすかな呻(うめ)きが徐々に聞こえるようになっていくことです。心理の仕事をしていて、一番やりがいを感じるのがここです。

たとえば、先の家庭訪問の事例で行けば、子どもが会うことを拒否しているとき、その子の大きいほうの声が僕のことを「敵だ、だから会わない」と言っています。でも、手ぶらで帰るのもなんだから、お母さんとその子の近況について話していると、「昨日は、先生がこられるというから、早く寝ようとしていましたよ」と言われる。

小さいほうの声が聞こえます。

僕のことを敵かもしれないと怖がってもいるけど、でももしかしたら味方なのかもしれないと期待をしている部分もある。そういう彼もいるんだな、でもまだ不安な彼がいて今日は会えなかったんだな、そう思える。

それに気づくと、その声を追跡することが可能になります。

次に家に行ったときには、直前まで起きていたことを知るかもしれないし、その次にはまたもやすっかり怖さが勝っているかもしれない。いずれにせよ、小さな声と大きな声が押し引きしているのが見えてくる。

心を見るって、**同じ人の中で複数の心が綱引きしているところを見ること**だと思うんです。

これが繰り返されるなかで、徐々に小さな声のほうとコミュニケーションができるようになり、それに伴ってその子が少しずつ安全感を感じるようになります。関係が少しずつたしかなものになっていく。

こういうとき、この仕事をやっていてよかったなと心の底から思います。

†第三者は有利

家庭に第三者が入る意味も、このあたりにあるのではないでしょうか。

家族って一日中お子さんと接しているからこそ、子どもの心の中の小さな声のほうが聞こえにくくなってしまうんです。

だって、毎日朝起こしても起きなかったり、ときには言い争いになっていたりしたら、他者を拒否している彼の声ばかりが聞こえちゃいますよね。

この点で第三者は有利です。

普段のごたごたを体験していないから、**第三者の耳はご家族よりも少しだけ新鮮です**。ですから、家庭教師とか、たまに来る親戚って、普段は見えない彼や彼女のことが見えたり、いつもは聞こえない声が聞こえたりするんですね。


もちろん、大きな声しか聞こえなくなるのは家族だけじゃない。実は支援者がバーンアウトするときにも同じような状態に陥っています。

日々支援をしていて「役に立ってない」って繰り返し言われるときがあります。すると、支援者自身もそっちの大きな声のほうしか聞こえなくなっちゃって、「やっぱり俺はダメな支援者なんだ」ってすっかり絶望してしまう。こういうときに、仕事を辞めてしまいたくなるし、実際に辞めてしまうこともあります。

たしかに役に立ってない部分「も」あるけど、でも案外助けになっている部分「も」ある。その**「も」が見えると、助かります。**

そのためには、支援者自身が、支援してもらう必要がある。聞く仕事をしている人には、大量に聞いてもらう時間が必要です。

行き詰ってしまっている支援も、第三者の新鮮な耳ならば、聞こえにくくなっている声を拾ってくれるかもしれません。支援者は役に立ってないと言われているけど、でも実は本当は感謝されている部分「も」ある。そういう複雑な気持ちに気づくと、支援を続けるちからが湧いてくるものです。

†個人と個室の関係

話を心の中の個室に戻しましょう。

この20年、僕らの社会は個人単位でバラバラになっていって、一見人々は個室を得たかのように見えるのですが、実際はどうなのでしょうか。

90年代までの日本は、会社とか組合とか学校とか、みんなで寄せ集まることで、人生の航海を行うことが多かった。

これはたしかに安全でよかったのかもしれない。大船に乗って航海しているわけですから、個がそれほど強く問われることもなく、安心していられるような余白がありました。

だけど、それは逆に言えば、周囲の人に干渉され続ける社会であったとも言えます。みんなで行動するなら、みんなに気を遣わないといけないですからね。

実は僕はそういうのがだめなんです。集団行動とか組織的行動が本当にだめで、大学の会議とかもちゃんと聞いていられないんですよ。

魂が抜けてしまって、スマホをいじり続けちゃうから、隣に座っていた教授から注意されるんです。「会議中はスマホ使っちゃだめだよ」って。

どうかしてますよね、とても**39歳のふるまいとは自分でも思えない。**

それで結局大学を辞めました。

カウンセリングオフィスで一人仕事していれば、いじりたいときにスマホをいじれますから。

大船を降りて、小舟で航海するようになったということです。

でもね、これ、**全然気楽じゃない**んですよ。

人生に起こるリスクを全部自分で背負わないといけなくなるから、始終海の様子に気を配りつづけないといけません。スマホは好きにいじれても、全然安心できません。

そう思うとね、大学で働いているのと、のと、どちらが心に個室をもてるのかは微妙なところです。

一見、組織を辞めたほうが、個人の自由が手に入るように見えます。だけど、実際には、人生が不安定になるぶん、必死に世の中についていかなきゃいけなくて、心の個室で安穏(あんのん)としているわけにはいかなくなります。

かつて、大学は「象牙の塔」と呼ばれていました。大学人が世の中から遊離して、自分の学問を非現実的に追求しているという揶揄(やゆ)の表現です。

そこにはもちろん問題もいろいろあったと思うんですけど、かつて大学には世間を気にしないで済むような分厚い個室があったってことだと思うんです。

組織が安定した環境を作ってくれるから、本が売れるかどうかとか、世の中の役に立つかどうかとか、世間の動向を気にすることなく、自分だけの学問に没頭することができていたわけです。

心の個室って**逆説的**なんですね。

本当にひとりぼっちのときには、心は個室をもてず、まわりにつながりがたくさんあるときにのみ、個室が可能になります。

何かが守ってくれているから、個室は存在できます。安全な環境を確保してはじめて、僕らは個室で自由にものを考えられる。

そのためには小舟で航海するよりも、大船に自分の船室を作ってもらったほうがいいことも案外多い。

†象牙とビニール

じゃあ、「大学を辞めなきゃよかったじゃないか」と言われてしまいそうなのですが、問題はいまや大船に乗っていても、個室が手に入るとは限らないことです。

大学が「象牙の塔」であったのは過去の話です。今やそれはプラスチックの塔やビニールの塔のように、隅々まで透けて見える場所であるよう求められています。透明性を高めるというやつです。

それぞれの大学人がどれくらい働いていて、どれだけ役に立っているかを「見える化」するのが現代のトレンドです。予算に限りがありますから、ちゃんと社会の役に立っているかチェックが厳しくなりました。

大学に限りませんよね。

今、**社会のあらゆる場所が透明に**なることを求められています。タクシーに乗ると会社を「見える化」するためにＩＴを導入しようという広告が流れています（あまり健康にはよくない広告ですよね）。経営をよくするためには組織を透明にしていく必要があるという発想です。

たしかにそういう側面はあるのだと思いますが、組織を「見える化」していくとは、組織で働く人が**「見られる化」**していくということです。それはすなわち、個室を失うことにほかなりません。

いつでも誰かに見られているならば、僕らは気を抜いて「まんじりする」ことができなくなり、がんばりつづけなきゃいけません。それで仕事の成果が上がることもあるのでしょうが、大学なんかは世界ランキングの低下がしょっちゅうニュースになるように、かえって生産性が落ちることもある。

「追い込めば人間はがんばる」としばしば言われますが、短期的には死に物狂いになってがんばれるかもしれませんが、それが続けば人間は疲弊(ひへい)し、ダウンしてしまいます。

組織が元気な人だけで構成されているのならば、ガンガン見える化して成果を評価していけばいいのでしょうが、人間は元気なときもあれば、調子が悪いときもあるものです。

元気な人しかいられない組織だと、最終的にはスーパーマンしか残れなくなり、人が居なくなります。

だから、組織を見える化するのは大事だとしても、**個人がしばし隠れていられる場所を残しておく**のが大事です。

組織は透明なビニール製にしたとしても、その中の個室は象牙で守る。それが理想なのでしょう。

だけど、このご時世そうもいかないから、僕は結局大学をやめちゃいました。良かったのか悪かったのかは、まだわかりません。

自由と安全。

この矛盾しやすい二つを奇跡のようなバランスで両立させるのがどれだけ大変なことか。いやはや、とため息をつきたくなります。

†「聞いてもらう技術」へ

まとめましょう。

この章では孤立と孤独の違いから出発して、孤立とは心の内側では悪しき他者に取り巻かれている状態であり、孤独とは心の内側にぽつんと一人でいられる個室を備えている状態であることを見てきました。

そのうえで、どうしたら孤立を防ぎ、心に個室を再建できるかを考えてきました。難しいのは孤立が連鎖することでした。孤立した人に関わり、話を聞こうとすると、関わった人は悪しき他者として扱われてしまいます。すると、その人の心に悪しき他者が伝染して、孤立感が生じてしまいます。

思えば、僕らが話を聞けなくなってしまうのも孤立しているときです。部下の文句を受け止めるには、上司自身がほかに善きつながりを持っている必要があるし、お母さんが子どもの話を聞こうと思ったら、お母さんの話を誰かが聞いていないといけない。

さらにはその誰かがお母さんの話を聞くためには、これまた別の誰かがその人のバックアップをしていなくてはいけない。

聞いてもらえているから、聞くことができる。**つながりの連鎖**こそが必要です。

ですから、ここで話を「聞いてもらう技術」に移しましょう。

孤立を防ぐために、僕らにできることは何か。話を聞いてもらうためにいかなる小手先の技術があるのでしょうか。

このとき、「聞いてもらう技術」が受動的な技術であるのが重要です。珍しいですよね、技術ってふつうは能動的なものですから。

でも、つながりってそういうものだと思うんですね。

カウンセリングをやっていて素晴らしいなと感動するのは、孤立していたはずのクライエントが、実はすでにつながりの中にいたと気づくときです。

親には絶対迷惑かけられないと思っていたのに、お父さんが案外自分のことを心配してくれていたことがわかる。

あるいは、大学なんかバカしかいないと思っていたのに、同じクラスに実は同じようなことを考えているやつがいたことがわかる。

彼らはいつのまにかつながりの中にいて、つながりの連鎖に飲み込まれている。

つながりって、能動的に築くものではなく、**気づいたときには自分を取り巻いている受動的なもの**だと思うのです。

ならば、どのような小手先がつながりを発生させ、「聞いてもらう」という受動的な事態を引き起こしてくれるのか。

これを次に見てみようと思います。

聞いてもらう技術　**小手先編**

話が聞けなくなるのは、自分自身が聞いてもらえていないときです。したがって、話を聞けないときに必要なのは、「聞く技術」なんかではなく、「聞いてもらう技術」である。

これがここまでの流れでした。

「聞いてもらう技術」。ふしぎな響きです。

最初に断っておくと、それは**「うまくしゃべる技術」ではありません。**

話を聞いてもらえないときに、僕らはついつい自分のしゃべり方が悪いからだと思ってしまいますが、大きな間違いです。

TEDトークやYouTube、あるいはビジネスのプレゼンであれば、「うまくしゃべる技術」が必要でしょう。

あなたが売りたい商品の魅力、あなたのアイディアのおもしろさ、あるいはあなた自身の素敵さを、うまく表現して、人々に「いいね」と思ってもらう必要があります。「うまくしゃべる技術」は自分の強みを伝えるためのテクニックです。

だけど、いま僕らが必要としているのは、強みではなく、弱みを、カッコいいところではなく、情けないところをわかってもらうための技術です。

ですから、要点をまとめて、ロジカルに、わかりやすく話す必要はありません。苦しんでいることについては、人はうまく話せないものだからです。

必要なのは**賢い頭ではなく、戸惑う心**です。

混乱した心が漏れ出すと、まわりは心配して、「なにかあった？」と聞いてくれます。そうなってしまえばしめたもの。あとはまとまりのない話を、時間をかけて聞いてもらえばいい。

ですから、「聞いてもらう技術」とは「心配される技術」にほかなりません。まわりに「聞かなくちゃ」と思わせる。

このとき変化するのは、自分ではなく、まわりです。環境を変質させるのが「聞いてもらう技術」の本質です。

では、具体的にどうすればいいのか？

もちろん、そんな技術は臨床心理学の教科書にも書かれていません。ですが、僕もカウンセリング一筋で15年やってきたわけですから、多少の蓄積があります。これまでの経験で見聞きしてきた小手先を、以下にお示ししたいと思います。

まずは、一覧でお見せしましょう。

日常編

1　隣の席に座ろう

2　トイレは一緒に

3　一緒に帰ろう
4　ZOOMで最後まで残ろう
5　たき火を囲もう
6　単純作業を一緒にしよう
7　悪口を言ってみよう

緊急事態編

8　早めにまわりに言っておこう
9　ワケありげな顔をしよう
10　トイレに頻繁に行こう
11　薬を飲み、健康診断の話をしよう
12　黒いマスクをしてみよう
13　遅刻して、締切を破ろう

聞いてもらうための一見ハテナな小手先たち、リラックスしてお読みください。

†日常編

「聞いてもらう技術」は大きくふたつにわかれます。

ひとつは、聞いてもらえる関係を作るために日常から心がける技術で、もう一つはほんとうに困ったことが起きたときに聞いてもらうための技術です。

ふだんからまわりを耕しておく技術と、緊急時にSOSを出すための技術と言い換えてもいいでしょう。

いずれもまったくの小手先で、正直しょうもない話の気もするのですが、ひとまず日常の小手先から始めましょう。

†1　隣の席に座ろう

なによりも隣の席に座りましょう。「お疲れさん」とでも一声かけて、ドスンと座る。

たとえば大学の講義室とか、フリーアドレスの会社とか、あるいは何かの講演会に参加したときとか、僕らはついつい人から離れた場所に座りがちですが、思い切って顔見知りの隣に座ってみる。

何かをしゃべる必要はありません。**座っているだけでいい。**隣に居る。これはパワーがあります。

3回くらい隣に座ることが続くと、馴染みの感じが出てきて、ちょっとしたおしゃべりが始まるものです。

†2 トイレは一緒に

次に連れションに行ってみましょう。「お、いいね、お供しますよ」みたいな感じでね。

いや、「ション」に強調点があるわけではないので、昼休みの歯磨きでもいいし、喫煙所に行くのでもいい。

ションも、歯磨きも、喫煙も、協力してやるようなものではなく、基本的に個人で完結する営みです。それなのに、**なぜか一緒に行く**というのがミソです。

自分一人でもできることを一緒にやっていると、僕らはついつい無駄話をしてしまうものです。

†3 一緒に帰ろう

さて、さらに段階をあげていきましょう。

一緒に帰ろう。

学校でも職場でも、あるいは講演会を聞きに行ったあとでもなんでもいいのですが、駅まで一緒に帰るわけです。

僕はこれが本当に苦手なんですよ。

この前もある対談が終わったあとに、外に出てから、その対談相手と微妙な雰囲気になったんです。このあとどうしようか的な。

で、結局2秒でそれに耐えかねて、「ちょっとタバコ吸ってから帰ります」と逃げてしまいました。その後3日くらいは、一緒に帰ればよかったと深く悔いましたね。本当はもうちょっと話がしたかったんで。

よく考えるとね、微妙な雰囲気になるということは、向こうも迷ってるんですよ。打ち上げに行ってもいいし行かなくてもいい、もし誘われたら行こうかな、みたいに。「聞いてもらう技術」的には、食事に誘ったりできるとベストなんでしょうが、それはちょっとハードルが高すぎるというときには、とりあえず様子を見るべきです。

「どの駅から帰ります?」と聞けばよかった。

帰り道ってね、気が抜けてるんで、普段はできない話ができるものなんですよね。

これの極限が旅行の帰り道です。

いっぱい遊んで、体はくたくた。だけど、高速道路は渋滞していて、まだまだ時間はかかりそう。

そんなとき、あなたが助手席に座っていたなら、絶対に寝てはいけません。運転している人に悪いという理由ではなく、普段はできない話が始まるかもしれないからです。

疲れていて、手持無沙汰の時間にこそ、戸惑う心は姿を現すものです。

†4 ZOOMで最後まで残ろう

これの応用編が、ZOOMなどのオンラインミーティングで最後まで退室しない技術です。

最近はZOOMにも高度なマナーができあがっていて、会議が終わったからといって、ホストはぶちっと画面を切らないようになっています。徐々に人々が退室していって、大体みんなはけたかなという頃に、やっと画面が切断されます。

このとき、友人の精神科医はカメラをオンにしたまま、かならず最後まで残るそうです。はたから見たら謎の人物なのですが、残りが二、三人になったとき、突然トークが始まることがあるらしいんですね。

その会議の感想とか、世間話とか、みんながいるときには話せなかったことが語り合われるわけです。

昔は廊下でやっていたんですよ。

「今日の会議長かったね」などと廊下で愚痴を言えたわけですが、コロナの時代にそれが難しくなっちゃったんで、ZOOMで最後まで画面オンにして残ることで代替しようという話です。

†5　たき火を囲もう

結局のところ、聞いてもらう技術のポイントは、気まずい時間に少し耐えて、一緒に居ることにあります。

話すことがないのに体がそばにあると、ついつい普段はできない話が始まってしまうというのが肝です。

この点で最強なのが、たき火。

炎って、ただ見ているだけでけっこう場が持っちゃうんですね。しかも、同じ方向を見ているというのがまたいい。向き合っているとかしこまっちゃいますけど、**横に並んでいるとふと言葉が漏れ出る**ものです。

これが星だと飽きます。星はあまり動かないし、見ていると首が痛くなります。朝日と夕日はすぐに終わっちゃうから、場がもたない。

海なんかは良いかもしれませんね、けっこう変化がありますし。あるいはテーマパークの行列に並ぶとかも悪くない。

とはいえ、たき火を一緒にできるような関係ならば、「聞いてもらう技術」なんか使わなくても、すでにいろいろな話をできる仲なんじゃないかという気もしますから、これは**ナンセンスな技術の可能性**があります。

†6 単純作業を一緒にしよう

同じ理屈で、おすすめなのが単純作業です。頭を一切使わずに、できるやつ。

大学に勤めていたころ、入学式とか卒業式の前に、プリントを40種類くらい袋に詰める仕事があったんですね。こんなもん全部ダウンロードできるようにしとけばいいだろってムカついてたんですけど、やり始めると案外楽しいんですよ。

同じ学科の同僚と一緒に、プリントを一枚ずつ取っていって袋に入れるという作業をやるんですけど、僕の指が乾燥して、うまくプリント取れないでいたら、学科長が

「東畑先生、遅いわよ！」って後ろからプレッシャーをかけてくるんですよ。

で、僕が**「煽り運転はやめてください」**って言ったら、学科長が**「ブルンブルン！」**ってエンジンの物まねしてきたんです。

あれは笑いました。そこからなごんで、みんなで愚痴を言いあったのはいい思い出です。

文化祭の準備とか、ＰＴＡの印刷作業とか、あとは花見の場所取りとか。

なんでもいいんですよ。何かしているんだけど、頭は空っぽのときに、聞いてもらうが発生しやすいということです。

†7　悪口を言ってみよう

さて、最後にちょっと真面目なアドバイス。

聞いてもらう時間が発生したなら、勇気を出して悪口を言ってみるのもいいかもしれません。「あのひと、話長いですよね」とか「なんでこんな面倒くさい仕事しないといけないんですかね」とかね。

自分が嫌だなと思っていることは、案外ほかの人も同じように思っているわけです。

そして、人は悪口でつながるときに、もっとも仲良くなるものです。

なぜか。

悪口というのは、自分が嫌だった体験を話しているわけで、それは賢い頭ではなく、戸惑う心の言葉だからです。

悪口、愚痴、嫌だったこと。こういうのを軽くこぼしてみる。これがきっかけになって、それまで賢い頭同士なされていた会話が、一気に戸惑う心同士の会話へと変質していきます。

愚痴こそが真に人間的な言葉だということです。

†体にしゃべらせる——日常編まとめ

以上、聞いてもらうための小手先を紹介してきました。

これらの根底にあったのは**体のコミュニケーション**です。

二つの体が近くにあって、ぼんやりとした曖昧な状況に置かれている。そういうときに、普段は言葉にならないようなことを口が勝手にしゃべりだし、耳は自動的に言葉を受け入れてしまいます。体が勝手にコミュニケーションを始めるということです。

気まずい時間にしばし耐えて、あなたの体を他人の体と一緒に置いておきましょう。一見無駄に見える時間の積み重ねが、人と人とを仲良くさせてくれます。

そう思うと、これらは友達を作るための技術でもありますね。

聞いてもらう技術とは、日常の中で**赤の他人を軽い友人に変える**技術なのだと言えそうです。

†緊急事態編

さて、日常の関係性を耕したところで、次に緊急事態に聞いてもらうための小手先に移りましょう。

実を言えば、「聞いてもらう技術」の本質は、何かが起きて、苦境に陥ったときに、**「ちょっと聞いて」**とまわりに言うことです。本当はそれがすべて。

だけど、これが難しいんですね。

精神科医の松本俊彦さんの編んだ『「助けて」が言えない』という本がありますが、ほんとうに助けがほしいときほど、僕らは「助けて」と言えなくなります。

ですから、「聞いてもらう技術」緊急事態編は、「ちょっと聞いて」と言葉で言わずとも、まわりのほうから「なにかあった?」と聞いてもらうための技術です。そういう状況を作り出してくれる小手先を紹介しようと思います。

†8 早めにまわりに言っておこう

これは小手先と言うよりは本質的なことなので、本当は小手先編で書くべきことじゃないのかもしれないのですが、大事なことなので言わせてください。

緊急事態に陥る前に、これから緊急事態に陥るかもしれないと、まわりに予告しておきましょう。結局のところ**治療よりも予防のほうが有効**だということです。

トラブルになりかけてるとか、難しい案件に挑むとか、まずいことが起こりそうな気配がしたら、困ったことになる可能性を早めにまわりに伝えておきましょう。具体的には次のように言うといい。

「今はまだ大丈夫なんだけど、これから何かが起きるかもしれません。そのときは相談させてください」

言われたほうもうれしいんですよ。事前にわかっていれば心づもりができるし、頼られている感じがするのもいいものです。

すると、その人は陰に陽に「なにかあった？」と聞いてくれて、できるサポートをしてくれます。そういうときには、事態は最悪にまでは至らず、案外切り抜けられるものです。

心配されることには深いちからがある。

とはいえ、**「ちょっと聞いて」と言えない僕ら**には、ハードルが高すぎるかもしれません。

ですから、次からはなんの準備もないままに緊急事態に突入したときの小手先を紹介していきましょう。

†9 ワケありげな顔をしよう

ワケありげな顔をしてみましょう。

というか、ワケは実際にあるのですから、無理にニコニコしないようにして、苦しそうな表情のままで、職場なり学校なりに行ってみましょう。

聞く技術のところで眉毛のコミュニケーションの話をしましたが、眉をひそめて会社のデスクに座ってみる。あるいは、髪の毛をセットしないで登校したり、化粧をしないで出社するのもいいかもしれない。

行き届いていない自分をさらすと、まわりは「なにかあった？」と聞いてみたくなるものです。

僕はこれがけっこう得意なんですね。

大学に勤めていたころは、**死んだような顔で出勤**していました。そうしたら、同僚の先生が栄養ドリンクを買ってきてくれたり、仕事の負担を軽くしてくれたりして、親切にしてくれるんですね。

面倒くさいやつだと思われるかもしれません。僕自身もそう思います。迷惑ばかりかけていたし、ウザがられていた可能性も大いにあります。

まあでも「いいじゃないか」とも思うんですね。だって、実際僕は面倒くさいやつだし、あのときは本当に疲弊していたのですから。本当にたくさん面倒を見てもらって助かりました。

そういう体験が、今度は自分が誰かの助けになろうと思わせてくれるわけです。お金がグルグル回っているのが善い経済であるのと同じで、ケアも人と人との間をグルグル回っているのがいい。

†10 トイレに頻繁に行こう

この延長にあるのがトイレに頻繁に行く技術。

わざといかなくてもいいんですよ。でも、腹痛のときとか、頻尿のときとか、僕らはついつい我慢しがちじゃないですか？

排泄に関わることって、どうしても恥の感覚を呼び起こしやすいから、授業中とか会議中とか必死に我慢してしまいます。

だけどね、これは躊躇(ちゅうちょ)することなく行くべきです。**トイレに行く権利は人権**ですし、それだけではなく頻繁にトイレに行っている姿を見ると、僕らは心配になるからです。誰しもが同じように苦しい思いをしたことがありますから、「大丈夫？」とついつい声をかけてしまいます。

同じように体調が悪いときは、素直に言うのがいいです。体調の悪さは心の調子の悪さをうまく伝えてくれます。

これは医療人類学でよく言われていることなのですが、東アジアでは、うつというものが心の落ち込みとしてではなく、**体の不調としてあらわれる**らしいんですね。たとえば、不登校の子どもの多くが、おなかが痛いとか、頭がぼんやりするとか、朝うまく起きられないとか、体に症状が出て、学校に行けなくなります。

逆に言えば、僕らは心のケアをするのは苦手でも、体のケアは比較的得意なんですね。心配されるほうとしても、体のことだったら、安心してケアを受けやすい。

体はケアを引っ張り出すのにはいいメディアなのだといえるかもしれません。そして、お腹が痛い話ができたなら、それに続けて「実は1週間前から家族がね……」とプライベートなことも話せるかもしれません。

とはいえ、コロナによって、体調の悪い人が感染可能性のある人みたいになってしまって、体調の悪さの話がしにくくなりましたね。

これは本当によくないなあ。体調が悪いときに心配してもらえないなら、いつ心配してもらえるというのか。

11 薬を飲み、健康診断の話をしよう

その続きの超絶小手先なのですが、人前で薬を飲むのもいいと思います。

ランチとか、会議の前に、4種類くらい薬を飲んでいると、「なにかあった?」ってなりますからね。

あとは健康診断の数値の話ですね。これも最高です。

僕はある時期、恩師とちょっとギクシャクした関係になっていたんですよ。僕が被害妄想になっていただけの可能性もありますけど、考えていることがすれ違って、な

んとなくうまくいっていなかった。

でも、久々に再会したときに、「この前の健康診断で、**肝臓の数値が高くって**」と僕が言ったら、恩師が僕の何倍も高い値だったと言い始めて、そこからお互いの体の心配をしあうことができました。

そういうのって、いいと思うんですよね。思想が違っても、体の心配をしはじめると仲良くなれるわけです。

若いころは、老人が健康の話ばかりしているのをいぶかしく思っていましたが、僕が浅はかでした。健康談義は、存在そのものをケアしあい、社会を維持するための高度な知恵だと思います。

†12 黒いマスクをしてみよう

ちょっと話題を変えると、装いを変えるのもいいですね。

普段白いマスクをしている人が、ある日突然黒いマスクで現れたら「なにかあった？」と聞きたくなりますよね。

髪をバッサリ切るのもいいかもしれないし、金髪にしたり坊主にしたりもインパクトがあっていい感じです。ヒゲを剃ったり、ピアスを空けたり、コンタクトを眼鏡に変えてみたりもいいかもしれない。

しょうもない話に思われるかもしれません。でもね、変化をまわりに伝えるというところにポイントがあります。

結局、何が苦しいとか、どういうことが起きたとかって、言葉にするのが難しいんですよ。自分でもなんと言えばいいかわからないからつらいわけで、**必要なのはまわりが心配して、言葉になるのを待ってくれることです。**

だから、「助けて」と言う代わりに、黒いマスクをする。言葉にならないものを抱えていることを、装いを変えることで示すわけです。

とりあえず変なネクタイとか変なTシャツでも買ってみたらいかがでしょうか？

†13 遅刻して、締切を破ろう

そして何より**失敗をやらかす**こと。

これは最重要の「聞いてもらう技術」です。

たとえば、遅刻する。学生であれば3時間目から行くみたいに派手にやらかしてもいいし、15分くらいの地味な遅刻もいいでしょう。

僕はこれが苦手で、遅刻するくらいなら休んじゃうタイプなんです。でも、それはよくない。休んじゃうと、「なにかあった?」って聞いてもらえないですから。

あと締切を破るのもいいと思います。

僕はこの点で、めちゃめちゃ優等生なんです。基本、締切の2週間前には原稿を出してきた人間です。

怖いんですよ、ギリギリになるのが。だから、締切直前に徹夜して原稿書く人とか信じられなかったんです。

でもね、最近わかったのは、締切を破ると、話を聞いてもらえるということです。

この本がまさにそうなんですけど、もう**書けそうにないから、逃げちゃおう**と思ったんですね。遅刻するくらいなら休んじゃおうというのと同じ発想です。

そうしたら、編集者の柴山さんに新宿の喫茶店に呼び出されました。脅迫されるのかと思って怯(おび)えていたら、当時僕がクョクョしていたことを散々聞いてくれたんです。あれだってね、僕が締切守ってバンバン書いていたら、何も聞いてもらえてなかったわけですよね？

もちろん、わざと仕事を失敗しなくてもいいのですが、具合が悪いときには僕らはどうしたって失敗しちゃいます。

それは聞いてもらうための絶好のチャンスだと思うのです。

†未完のテクニック——緊急事態編まとめ

いかがでしたでしょうか？

おそらく世の中にはまだまだたくさんの「聞いてもらう技術」があると思います。あなたにも「こうしてみたら、聞いてもらえた」という体験があって、オリジナルな技術をご存知かもしれません。

もしよければ**SNSなどで、「#聞いてもらう技術」とつけてシェア**してもらえると助かります。万が一この本の改訂版を出すときには付け加えさせていただきます。

そういう意味で、「聞いてもらう技術」はまだまだ未完のテクニック集だと言えます。

あるいはあなたは納得がいっていないかもしれません。

これらの技術を使ったところで、人からウザいと思われるだけで、聞いてもらえるとは思えない。これじゃただの仮病のススメじゃん？　そんな声が聞こえてきます。

そうなんです。この「聞いてもらう技術」は未完成。ひとつ、絶対に必要なものが欠けている。

そう、**あなたの協力**です。

もし身近に「聞いてもらう技術」を使っている人がいたら、聞いてあげてほしいのです。突然黒いマスクをつけてきた人がいたら、目の前で薬を飲みだす人がいたら、トイレに頻繁に行く人がいたら、そして締切を破る人がいたら、聞いてあげてほしい。

どう聞けばいいのか？　ただ「なにかあった？」と尋ねるだけでいい。

ここにリストアップしたテクニックは、実をいえば僕が普段使っている「聞く技術本質編」を反対側から書いたものです。

クライエントの体調が悪いとき、装いが変わるとき、あるいはカウンセリングに遅刻してきたとき、僕は「なにかあった?」と尋ねます。

「聞く技術」の本質は、「聞いてもらう技術」を使っている人を見つけ出すところにあります。「ちょっと聞いて」とは言えないけれど、聞いてもらう必要がある人が戸惑う心を滲(にじ)ませている。そこに向けて、「なにかあった?」と尋ねることにこそ「聞く技術」の核心があります。

ですから、「聞いてもらう技術」と「聞く技術」はセットです。

両方を使ってみてほしい。どちらからスタートしてもOK。

あなたに余裕があるならば、聞く技術から始めましょう。聞いてもらう技術を使っている人を見つけて、「なにかあった?」と聞いてみる。

もしそんな余裕がなければ、「聞いてもらう」から始めたらいい。黒いマスクをつけて、健康診断の話をしてみましょう。

日常のあらゆるところに、聞く人がいて、聞いてもらう人がいる。

そして、その役割はグルグルと交代する。

「聞く」と「聞いてもらう」の二つが円滑に循環する社会になったときに、「聞いてもらう技術」は誰もが使える技術として完成すると思うのです。


さて、ここから話を折り返しましょう。

「聞いてもらう技術」を学んだ僕らは、次に、聞いてもらうことにいかなるちからがあるのかを知る必要があります。

第3章 聞くことのちから、心配のちから

†心に毛を生やそう

ささやかな政策を取り上げたい。巨大な国家からすると砂粒のような政策だ。だけど、そこには私たちの社会のあらゆるところで生じている苦悩が表れている。

「心のサポーター養成事業」のことだ。今年度の予算規模は3千万円弱。厚生労働省の発表によれば、安心して暮らせる地域作りのために「メンタルヘルスやうつ病や不安など精神疾患への正しい知識と理解を持ち、メンタルヘルスの問題を抱える家族や同僚等に対する、傾聴を中心とした支援者」を、10年で100万人養成するとのことだが、実際の中身は地域住民に2時間程度のメンタルヘルスの研修を受講してもらうくらいのことだから、正直素人に毛を生やす程度の話だ。だけど、侮っちゃいけない。**このささやかな毛がきわめて貴重なのだ。**

メンタルヘルスケアというと専門家が特別なことをするイメージがあるかもしれない。だけど、本当の主役は素人だ。実際、私たちが心を病んだとき、最初に対応してくれ、そして最後まで付き合ってくれるのは、専門家ではなく、家族や友人、同僚などの素人たちではないか。

たとえば、最近離婚した同僚の様子がおかしいとき。あなたは彼の受けたダメージを思い、心配になる。だから、気を使い、仕事を分担し、気晴らしに誘う。そうこうしているうちに、彼は少しずつ回復し、気づけば以前のように働けるようになっている。多くの心の危機が、専門家の力なんか借りずに、なんとかやり過ごされていくものなのだ。

ここで働いているのは、古くは哲学者のカントが**「世間知」**と呼んだものの力だ。つまり、世の中とはどのような場所で、人生にはいかなる酸(す)いと甘いがあるのかについての、ローカルに共有された知のことである。この世間知が、離婚の傷つきや回復のプロセスを想像することを可能にし、必要とされているケアを準備し、コミュニティーに彼の居場所を確保してくれる。素人たちは世間知に基づいて、互いを援助しあう。

と書くと、楽観的過ぎるかもしれない。世間知にはコミュニティーから人を排除する力もあるからだ。例えば、先の離婚の彼が、しばらくたっても回復しなかったらどうか。仕事が滞り、不機嫌が続く。いつもイライラしていて、まわりに当たることもある。すると、世間知は彼を持て余し始める。彼は理解できない存在になり、厄介者扱いされるようになる。孤立していく。

そういうとき、専門知が解毒剤になる。「うつ病じゃないか?」。誰かが言いだす。それが視界を少し変える。仕事の滞りやイライラがうつの症状に見えてくる。すると、周囲は彼に医療機関の受診を勧めたり、特別扱いしたりできるようになる。

この素人判断こそが、心のサポーターに生えたささやかな毛だ。うまく専門家につながれば、そこで適切な理解を得ることができるし、すると彼の不機嫌さが悲鳴であったことがわかる。「厄介者」はケアすべき人に変わる。

これが心のサポーターの背景にある「メンタルヘルス・ファーストエイド」の思想だ。心のサポーターとは、専門知を浅く学ぶことで、とりあえずの応急処置や専門家につなぐことを身につけた素人なのである。専門知が世間知の限界を補う。

ただし、専門知がときに暴力になることも忘れてはならない。「うつ病だ」「不安障害だ」と名指しされることで、本来だったらまわりから見守られながら取り組むはずだった**人生の課題が、心理学や医学の問題にされる**。すると、人はまた別の意味で孤立してしまう。それくらい専門知にはパワーがある。

心理士をしていると思う。私たちは大学院で山ほど専門知を学ぶが、それらは世間知抜きでは運用できない。世間知によってクライエントの生きている日常を想像できないと、支援は専門知の押し付けになり、非現実的になってしまう。だから、心理士もまた、**プライベートでは専門家の帽子を脱ぎ、自分の人生をきちんと生きる**のが大切だ。そうやって世間と人生の苦みを知ることが、専門知を解毒するのに役立つ。

今、私たちの社会は大きすぎるし、複雑すぎる。だから、世間知だけでも、専門知だけでも、個別の心の複雑な事情を把握しきることは難しい。そのとき、専門知が世間知の限界を補い、世間知が専門知の暴走を制御する。両方がせめぎ合うことによって、苦しんでいる人の複雑な事情を複雑なままに理解することを試みる。結局のところ、心のケアとはそういう試みを積み重ねることなのである。複雑に理解されることが、その人らしさを保証し、コミュニティーに居場所を作ることになるからだ。それが孤立を和らげる。

いや、心だけじゃない。あらゆる社会課題がそうだ。新型コロナウイルス対策にしても、政府の意見があり、専門家の意見があり、世論があって、摩擦が生じている。世間知と専門知がせめぎあい、混乱が生じる。だから、素人は毛を生やし、専門家は帽子を脱ぐ。そうやって対話と調整を続ける。それがこの複雑で余裕のない社会を小規模改善していくために必要なことなのだと思う。

（朝日新聞、２０２１年７月10日付朝刊オピニオン面）

†素人と専門家のちがい

この章では、「聞く」が持つちからについて考えてみようと思います。そのことを考えるうえで、「心のサポーター養成事業」のニュースは示唆に富んでいます。というのも、素人の「聞く」と専門家の「聞く」を比べることで、「聞く」の本当のちからが見えてくるからです。

このニュース、ＳＮＳの心理クラスタでは議論が盛り上がったんです。心理士をざわつかせる何かがあったんですね。それはたぶん、素人がカウンセリングに参入してくることについての不安であったと思います。

医療は法律的に規制されています。

素人が手術をしたり、投薬をしたら、逮捕されます。ブラック・ジャックみたいに腕がよかったとしても、免許をもっていない人が医療行為をしてはいけない。そう決まっている。

だけど、カウンセリングって法律的には**誰がやってもいい**んですよ。

公認心理師という国家資格ができたときに、当の心理士たちは、できれば「業務独占」つまり資格を持っている人のみがカウンセリングをやってよい、と定めてしまいたかったと思うのですが、そうはなりませんでした。

しょうがないと思うんです。

だって、普通の人生相談とカウンセリングの区分けって難しいですから。ちょっと友達の相談に乗った夜に、警察が家に来て「あなたは不法にカウンセリングを行いましたね」と逮捕されたらシャレにならないですよね。

自分で言ってて思ったのですが、なんかＳＦみたいですね。相談行為を専門家が独占した未来社会、「俺の話を聞いてくれ」と友達に迫るテロリスト。たどり着いたのは無許可で人生相談を行う人たちが集う闇酒場だった、みたいな物語。すごいおもしろそうだ。

いや、話を戻しましょう。

カウンセリングは誰がやっても法律的には問題がないという話でした。

通信教育でちょっとだけカウンセリングを学んだ人も、1週間全40時間5万円のカウンセリング講座を受けた人も、6年間大学と大学院に通った公認心理師も、みな同じように「カウンセリングを仕事にしています」と自称することができます。

これは**心の専門家としてはやっぱり嫌**なんですよ。

「その程度の勉強でカウンセリングができるはずないだろ」とか「素人が手を出して、危険なことが起きたらどうするんだ」と言いたくなる。実際、心って傷つきやすいし、暴走しやすいものだから、その危惧は僕にもわかります。

そういうこともあって、「心のサポーター養成事業」は心理士をざわつかせていたのだと思います。

ただね、居酒屋でやってる人生相談とカウンセリングの境界線は根本的にあいまいです。結局のところ「誰かと話をすることで心が楽になる」って人類の基本的な機能ですから。それを専門家の専有物として閉じ込めることはできません。

とはいえ、「素人と専門家で、話を聞くことにはどんなちがいがあるのか?」という問いはありえると思います。

あるにはあると思うんですよ。いくばくかのテクニックもあるし、専門知識がないと理解しがたい心の動きというものも存在します。そういう意味で**専門家にしかできないことはある**と思う。

でもね、そんなことは専門家がこっそりとわかっていればいいことであって、改めて世間に言う必要がない気もする。

というのも、信頼できる知り合いに「ちょっと聞いて」と言い、そして「なにかあった?」と聞いてもらえることがどれだけ心を支えるかを、世間に知ってもらうことのほうがはるかに価値があるからです。

「専門家じゃないから、怖くて人の話が聞けない」とみんなが思うようになったら、よくないですよね。

　重要なことなので何度も言いますが、**「聞く」はふつうの営み**です。

「聞いてもらう技術」もすごくふつうのことだったでしょ？

　ＺＯＯＭで最後まで残ってみようとか、人前で薬を飲もうとか、一緒に帰ろうとか。素人臭いし、「そんなものか」と思った方が多かったのではないか。

　でも、そのふつうさが重要だと思っています。

「聞いてもらう技術」とは、ふつうの生活の中のふつうの人間関係に、余白をつくろうという話だからです。

　ふつうの付き合いがあり、ふつうに話が交わされて、それなりにお互いのことが理解されている。これが心の健康にとって、究極的に重要なところだと思うんです。カウンセリングもね、最終的にはそういうものなんじゃないかと思います。

若いころは僕もかなり尖(とが)っていたんで、「聞くだけで治るんですか？」とカウンセリングについて聞かれると、「聞くだけじゃなくて、いろいろと専門的なことをやってるんですよ」と反論したくなっていましたが、年をとるにしたがい変わってきました。

心のケアとは話を聞かれることである。

それは日常で皆がやっていることである。

どうしても日常で「聞く」がうまくいかなくなってしまったときだけ、専門家の出番があるけれど、ほとんどの場合はそれは身近な人間関係によって満たされている。

そう思うようになったので、**「聞くだけで治るんですか？」**という問いには「案外、ちからがあるんですよ」と答えるようになりました。

ちょっとは専門的なこともやっているけど、やっぱり聞く仕事なんですよ、カウンセリングって。

なんというか、長いこと大学院で勉強してきた身としては、シンプルすぎてちょっと悲しいところもあるのですが、しょうがないですね。

心ってものすごく複雑なものでもあるけど、案外シンプルでもあるのがおもしろいところだと思うんですね。

†初めてのカウンセリング

ここで昔の話をしましょう。

僕は22歳で大学院に入り、その年にはじめてカウンセリングを担当することになりました。

それなりにやる気のある大学院生だったんで、かなり勉強はしていたんです。本や論文もいろいろと読んでいたので、基本的な知識は頭の中に入っていました。だけど、実際に臨床を始めてみると、**知識が全然役に立たない**んですね。カウンセリングってこんなに難しいのかと愕然としました。

最初のクライエントは不登校の男の子でした。

時間になって、彼と部屋で二人きりになると、「どういうことで来たの?」と聞いてみました。教科書通りの始め方です。

すると、彼は「別に」と一言。そして、沈黙。

混乱しました。「え、じゃあ何しに来たの？」って、思いますよね。

今だったらね、親に無理矢理連れてこられたのだろうかとか、本人にも一部は助けを求める気持ちがあるんじゃないかとか、「別に」と言わざるを得ないくらいに他者に不信感を持っているのかもしれないとか、いろいろなことが浮かぶんですけど、当時は頭が真っ白になってしまった。

不登校についてはいろいろと本を読んで臨んでいたのに、そういう専門知識が全部吹っ飛んでしまったわけです。


カウンセリングって本当に不思議なんです。

目の前に生きた人がいて、その人と向かい合っていると、冷静に考えたらわかるはずのことがわからなくなってしまう。人間の迫力みたいなものに飲み込まれてしまうんです。

これは多分、カウンセリングに限らなくて、**人間関係というものに宿る魔力**なのだと思います。人間関係に巻き込まれているとき、僕らの知性は普段とは違うように動き始めます。

ほら、夫婦喧嘩は犬も食わないと言ったりしますよね。どんなに聞く技術を勉強していたとしても、喧嘩が始まると「聞く」は機能不全に陥る。

わからなくなっちゃうんですよ、相手のことが。はじめてのカウンセリングのときがそうでした。

あの少年の「別に」って、インパクトありました。わざわざカウンセリングを受けに来て、一言目に「別に」。これって彼らしさとか彼の思いをすごく表してると思うんです。

だからこそ、僕は彼のことが一瞬でわからなくなってしまう。強い気持ちに当てられて、混乱してしまった。

本当に気持ちがこもった言葉は、こちらの心を動揺させるものです。

†2種類の「わかる」

「わかる」には2種類ある。

ひとつは、知識に当てはめて、相手をパターンに分類していく「わかる」です。これが世間一般で「わかる」と言われているやつですね。

これも大事だと思います。いろいろな病気の知識をもっていて、それを参照しながら、クライエントの状態を評価していくのは、カウンセラーにとって不可欠な仕事です。

だけど、「わかる」はそれだけじゃない。もうひとつある。

外側からではなく、内側から、相手が**どのような世界を生きているか**を「わかる」こと。

これが当時の僕には難しかったし、いまだってそうです。相手の目には世界がどのように映っているのか、わからなくなってしまう。

自分が本当にクライエントのことを内側から理解しているかどうかって、どこにも確証がないじゃないですか？

全部自分の勝手な思い違いかもしれない。知識を総動員しても、答え合わせができない。

「別に」って言われたとき、僕に起こったのはそれでした。

「本当はカウンセリングに来るのがいやだったのかな」

「自分の気持ちが言葉にならないのかな」

「俺を挑発して様子を見ているのかな」

いろいろな考えが浮かぶのだけど、どれが正しいかわからない。その結果、僕の心はフリーズして、頭が真っ白になってしまった。

あれから20年近く経った今ならば、どうやって答え合わせをしたらいいかわかります。クライエントに尋ねてみるべきだったんです。

「合ってます」「間違ってます」と答えてもらうためじゃありません。なにかを尋ねても、もう一回「別に」と言われちゃうでしょうからね。

そうではなくて、答え合わせは二人の関係性の中で行われるべきだったということです。

「自分の気持ちが言葉にならないのかな？」

たとえば、そう問うてみて、反応をうかがってみるわけです。もっと深刻な雰囲気になるかもしれないし、あるいは彼は少しホッとするかもしれない。

その反応は僕のことをより緊迫させるかもしれないし、あるいはちょっと緩んだ気持ちにさせてくれるかもしれない。

その積み重ねが、「あ、違うんだな」とか「これだな」という答え合わせを可能にしてくれます。

わからなければ、尋ねてみる。相手の話を聞いてみる。

結局のところ、わからないときでも、相手との関係性に踏みとどまるということです。

そういうことができるようになると、カウンセラーとしては一人前です。そのためには知性と感情の両方を鍛えないといけないから大変なのですが。

年をとってわかること

これは若い頃の自分が聞いたら怒る気もするのですが、心理士にとって年齢を重ねることには有利な点があると思うんですよ。

心理士のトレーニングを受け始めるのは20代の前半なのですが、その頃って自分のことが全然わからないんですね。

多くの若者がそうであるはずです。**20代って、意味不明**ですよね。

特にわからないのが、自分が苦しい思いをしていることについてです。なぜ自分が苦しいのかもわからないし、そもそも苦しいと気づいていないことすらある。

というのも、そういう苦しさは自分の人生にとっては当たり前のことだからです。昔からずっとそうだから、それをわざわざ苦しいことなのだと意識できない。

クライエントが「これはみんなそうだと思うのですが」と前置きして、全然普通じゃない過去を話すのと同じです。

みんなそうだと思うんです。僕らはそれぞれに特殊な歴史を生き延びてきているわけですが、でもそれが特殊であったと気づくのってすごく難しい。他の人生を知らないわけですから。

だけど、だんだん年を取って、いろいろな生き方をしている人と出会い、世の中について見聞を重ねる中で、自分が「普通」だと思っていたことが、案外「普通じゃない」のだと気づいてくるわけです。俺はかなり特殊な状況に置かれていたんだとか、私は本当はひどい目に遭っていたんだとわかってくる。

ここに**年をとることの良さ**があります。

前よりも少しだけ他者のことを理解しやすくなるんです。自分が苦しい思いをしたことが参照点になると、他者の苦しさを想像しやすくなる。

たとえば、離婚をすると、離婚の危機がどれだけつらいことなのかと、思いやることができますよね。すべてではないにせよ、前よりも実感をもってわかる。

人生経験が大事だというありふれた話です。

若い頃はそういうことを先輩に言われると、若造だから駄目だと言われてる気持ちがして、「専門性ってそういうもんじゃないだろ」と反発していました。しかし、これは浅はかでした。

なんだかんだで、心というのはそういうものです。たとえ、まったく同じ経験はしえないにしても、自分の経験が他者の経験への想像力を広げるのは事実だと思います。

†それ、つらいよね

人が人を理解することの根本は、専門家が専門知識を通じて理解するというようなものではなく、ふつうに生活しているなかで知人と「それ、つらいよね」と交わす気持ちのやりとりなのだと思います。

「それ、つらいよね」と自然にやりとりできなくなったときには、専門知識の出番もあるのでしょうが、基本は「それ、つらいよね」です。

専門家だってもともとはそうだったと思うんです。

精神科医の中井久夫が、どういうひとが精神科医になりやすいかについて、自分に精神的な危機があったひとや、まわりに病んだひとがいるひとたちが多いと書いています（『治療文化論』）。

これは心理士もそうだし、メンタルヘルスケアをしている人全般に通じることだと思います。自分やまわりの人が苦しい思いをしたから、今は誰かの苦しい思いをケアする仕事をしている。

あるいは、昔の呪術師とかシャーマンもそういう人が多いらしい。自分の不調を癒そうとしているうちに、自分自身が治療者になる（このあたりについては、後述する『野の医者は笑う』という本をご参照ください）。

これは古代から続く、**ケアという仕事の基本**なのでしょう。

ただし、ちゃんとひとのケアができるようになるためには、その危機を脱していないといけません。

自分自身が危機のただなかにあるときは、うまく他者のことを理解できません。自分の地面が揺れているときには、そこにあるのが相手の揺れなのか、自分の揺れなのかわからなくなってしまいますよね。自分の揺れが収まると、相手の揺れがきちんと見えるようになる。

ですから、まずは自分のケアをして、それが一区切りついてから、他者のケアをするほうが安全だと思います。そもそも、そうやって自分の苦境を脱したこと自体が、似たような苦境にある人の助けになります。

たとえば、アルコール依存症の**自助グループ**のように、同じ困りごとをもつひとたち同士が集まって助け合う当事者のグループが今はさまざまにあります。

そこでは先に苦境を脱した人が、新しく会に参加した人のロールモデルになるんですね。後輩たちは先輩を見て、「いつかはこういうふうになれるのか」と未来の見通しを持ちます。

苦境にあるときに、時間的展望は強い支えになります。

よく考えたら、居酒屋で仲間としゃべっているときってそんな感じですよね。人生の不幸とか失敗とか、そういうものをなんとかやり過ごし、生き延びた話を、僕らは仲間内で交し合います。

そうやって**物語ったり、物語られたりすることが、日々の心の支えになる**のだと思う。

†世間知の没落

とはいえ、先輩の武勇伝をたくさん聞かされて、うんざりした経験をみなさんお持ちかもしれません。

あるいは、自分の武勇伝を語って聞かせたら、後輩にうんざりされた経験があるかもしれません。

悲しいですね。ちゃんと聞いてくれたらいいのに。

でも、しょうがない。

「俺もお前みたいに苦しんだことがあったけど、昼も夜もなく働いて、乗り越えたんだよ」みたいな昭和的な話は、どうしても敬遠されがちな時代を僕らは生きているわけです。

昭和の世間知と令和の世間知が大きく変わってしまったんですよね。

おさらいしておくと、「世間知」とは、世の中とはどのような場所で、人生にはいかなる酸いと甘いがあるのかについての、ローカルに共有された知のことでした。

今では**世間知は複数**です。

同じ会社の先輩と後輩でも、全然違った世間を生きていて、一見同じ場所にいるように見えても、全然違った問題に直面しているわけです。

ですから、先輩の世間知がたくさん詰まったありがたいお話が、後輩にはただの自慢話とか説教にしか聞こえないわけです。

いわゆる時代が変わったというやつです。

とはいえ、それは世間知のちから自体が失われたということではありません。同じ世間を生きているときには、**先輩の話ほど頼りになるものはない。**

たとえば、僕はカウンセリングルームを開業して、それで生活をしているわけですが、同じように東京で開業をしている先輩心理士の世間知には大いに助けられてきました。

ホームページの作り方次第でどういう影響があるかとか、クライエントを紹介してもらったときにどういう書類を返せば信頼を得られるかとか、定期的に仲間内で勉強会や飲み会をやることがオフィスの運営にとっていかに不可欠であるのかとか、教科書には書いていないけれど、開業でカウンセリングをやっていると必要になる様々な知恵を教えてもらいました。

これって、先輩が自分と同じ世界を生きているから役立つ知恵なんですね。同じ中学から同じ高校に行った先輩の部活選びのアドバイスが役立つのと同じです。ディティールが共有されているとき、世間知は強いちからを発揮します。

†シェアのつながり

さっきの話につなげると、自助グループは、依存症にだけ有効ということではなくて、さまざまな困りごとへと広がっています。西井開さんが**『「非モテ」からはじめる男性学』**という本で書いておられますが、最近ではモテない男子のグループなんていうのもあるそうです。

社会があまりにばらばらになってしまったからでしょうね。

昔だったら、わざわざ自助グループを作らなくても、同じ世間知を共有できる仲間をある程度は作れたわけです。

もちろん、マイノリティの場合にはそれこそが難しかったわけですが、一昔前の会社の同僚とか先輩後輩とかの間では世間知がうまくシェアされていたのだと思います。だけど、今では世間はあまりに細分化されていて、割れたガラスのように粉々になってしまいました。

ですから、他者の世間に触れると、指が切れて、チクっと痛みが走ります。「いい気なもんだ、俺の苦労も知らないで」とどうしても思ってしまう。

だからこそ、必要なのは同じ問題に直面して、同じ苦労をシェアしている仲間です。同じ世間が見えていて、同じ課題に困っている。そういう自助グループ的なつながりを、僕らは必要としているのだと思います。

これを僕は**『なんでも見つかる夜に、こころだけが見つからない』**という本で「シェアのつながり」と呼びました。なにかをシェアすることでつながる仲間には得難いちからがある。

いずれにせよ、今、世間知は弱体化し、ひび割れを起こしています。

僕らはバラバラになった社会で生きていて、お互いのことがわからなくなっている。その裂け目を埋めるために、使われているのが専門知なのでしょう。

自分の**世間知では理解できないものを、専門知が名前を付けて、知識を与えてくれます**。たとえば、病気の名前をつけてくれて、どう配慮すればいいのかを教えてくれるわけです。

†世間のちから

ここで補助線を引くために、医療人類学の泰斗クラインマンのヘルス・ケア・システム理論を紹介しましょう。

クラインマンは、それぞれの地域には、人々の健康を**ケアするためのシステム**があると言い、それを専門職セクター／民俗セクター／民間セクター popular sector の3つに分けました。それらが補い合いながら、僕らの心身の健康を保ってくれているわけです。

説明していきましょう。

まず、専門職セクターとは、医者とか看護師とか、あるいは心理士もここに入りますが、ようはその社会で公認された専門家のことです。

現代社会だと科学に基づく治療を行う専門家になりますが、昔の日本だと漢方とかが専門職セクターに入っていましたし、古代インドだとアーユルヴェーダが公式の治療になったりします。

これに対して、民俗セクターは、非公認の専門家たちです。

現代日本だと、アロマセラピストとか占い師とか拝み屋さんとかは民俗セクターですね。専門職セクターと民俗セクターの境界線は時代とか社会によって揺れ動きます。

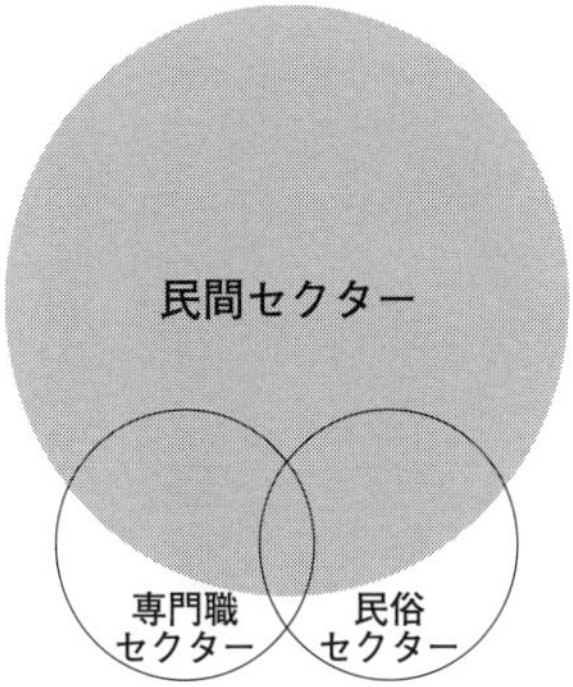

民間セクター
専門職セクター
民俗セクター

ヘルス・ケア・システム

僕は以前に『**野の医者は笑う**』という本を書いていて、沖縄のシャーマンとかスピリチュアル・セラピストと心理士の比較を行いました。

民俗セクターと専門職セクターの治療者はどこが同じで、どこが違うのかという問題を考えてみたわけです。興味がある人はご一読ください。

さて、いま大事なのは最後の民間セクターです。

これは専門家じゃない人たちが行うケアのことです。ほら、同僚や友人、先生や上司、そして家族がいろいろとケアしてくれますし、自分でも自分のケアをしますよね。これが民間セクターです。

おもしろいのは、その三者の関係を表す図です。

専門職セクターと民俗セクターに比べて、圧倒的に民間セクターが大きい。日々のケアのかなり多くの部分が民間セクターでなされています。

実際、僕らは風邪をひいたとしても、すぐに病院に行ったりしませんよね。まずは早く寝たり、栄養のあるものを食べたりして、**自分で治そうとします。**

このとき、家族がご飯を作ってくれるかもしれないし、同僚が「お前の仕事はやっとくから、ゆっくり休めよ」と言ってくれるかもしれない。

周囲にあるふつうのつながりが、最初にケアを提供してくれて、大体のことは、それで治ってしまう。

専門職セクターとか民俗セクターが登場するのは、民間セクターでのケアではどうにもならなかったときです。

それだけじゃない。実は専門職セクターよりも民間セクターのほうが偉いんですよ。医者とかカウンセラーのところに行ったとしても、帰ってきてから家族と「そのカウンセラーどうだった？」「いや、なんかピンとこなかった」「じゃあ、ほかのところ探そうか」という話をするわけですから、実際には民間セクターが最終的な治療戦略を組み立てているわけで、**ケアの主役は民間セクター**なんですね。専門家をしていると忘れやすいのですが。

どうですか？　自分の生活を振り返ってみると、あらゆるところに民間セクターによるケアがあることに気づきませんか？

家族や友人たちが僕らのケアをしてくれているし、僕らも彼らのケアをしている。心のケアのもっともベーシックな方法は、そういうふだんの人付き合いなのです。

†世間知と専門知の関係

この民間セクターで働いている知が世間知です。日々のメンタルヘルスの問題の多くが実は世間知によって解決されているんですね。

学校を思い浮かべてみるとわかりやすい。スクールカウンセラーが対処している事例って、学校の中ではごく少数です。

どんな子どももいろいろとストレスがかかって苦しくなるわけですが、ほとんどの問題は教師がクラスの中で対処していますし、それ以前にご家庭や友人、そして子ども自身がストレスの処理をしていると思うんです。

疲れているみたいだからちょっと休ませてあげようとか、様子が変だから今は代わりに何かやってあげようかとか、そういう**世間知で心の問題の多くが解決されている。**

スクールカウンセラーが必要になるのは、世間知では子どものことを理解できなくなってしまったときです。友達が付き合いきれなくなり、家庭では手に負えなくなり、教師にもよくわからなくなってしまう。

すると、子どもは孤立してしまいます。

世間知で理解できなくなった子どもは、集団から排除されてしまい、まわりの人は彼と普通に接することができなくなるからです。そういうときにスクールカウンセラーの出番がやってきます。

専門知は世間知が通用しなくなったときに初めて役立つものです。

たとえば、「なんであんなにイライラしているんだろう」とまわりに不審がられている子どもに、「うつだと思う」と専門家が言って、説明をしてくれると、「ああ、あの行動は本当は悲鳴だったんだ」とまわりはケアを再開することができます。

あるいは、「この子は発達障害の傾向がある」と言われると、空気が読めずにまわりを困惑させていた子に、決して悪気があったわけではなかったことが見えてくる。そうすると、まわりは配慮をすることができます。

スクールカウンセラーの仕事の本質は、クラスや家庭で行われていたケアを再起動させることにあります。

あるいは職場の産業カウンセラーも同じ。同僚や上司がうまくケアできるようにアドバイスをするのが仕事です。

専門家は**普通の人が互いにケアすることを助ける**ために存在しています。

ただし、専門知にも弱点があります。

「うつだから」とか「発達障害だから」という言葉を使うことで、「これは専門家に任せておけばいいや」となってしまうのでは本末転倒です。それは余計に困っている人を孤立させてしまいます。

ですから、**専門知は世間知に溶けやすいものである必要がある。**

カルピスみたいな感じですね。専門知は原液だけで飲むと体に悪い。水に溶かして飲むと、美味しくなる。うーむ、ちょっと比喩に溺れている気もしますが……。

†心配できるようになること

臨床心理学や精神医学の専門知って、根源的には異常心理学とか精神病理学にあると思うんです。難しい言葉ですが、ようは極端に偏ってしまっていたり、機能不全に陥ってしまったりしている心理状態についての知のことです。

たとえば、道端でものすごく大きな声で怒鳴っている人がいたとします。まわりは

「怖いひとだな」とか「そんなに怒らなくてもいいのに」と思うかもしれません。

でも、それって**本当は怯えてる**んですよ。自分がとても怖い思いをしているから、その怖さを吹き飛ばすために怒鳴って、自分の代わりにまわりに怖い思いをさせているわけです。

こういうふうに普通ではない状態になっているときに、その普通ではない心の動きがどういうものであるのかを研究するのが異常心理学や精神病理学になります。これが心の専門家の商売道具というか専門性なんですね。

普通の心理状態については、みんなそれぞれよく知っていますもんね。自分の心が普段どう動くのかはよく知っているはずだし、身近な人の心についても結構多くのことを知っていることでしょう。ですから、すべての人が日常的な心の専門家です。

でも、日常とは違う動き方をしている心については、うまく理解できないから、付き合い方が難しくなってしまう。ここに心理士が登場するんですね。

そういう意味で、ご家族に患者さんの病状を説明することは、僕ら心理士のとても大切な仕事です。「ご本人が怒りやすいのは怯えているからだと思うんです」と伝えると、家族は「そういえばたしかに突然声をかけたときに怒り出していました」と思い出し、彼のことを今までとは違った目で見ることができるようになる。

そうすると、家族はケアを再起動できるようになります。

怖がらせないようにするにはどうしたらいいかを考え、配慮をするようになり、その結果として本人も怒ることが減っていきます。

そのとき、僕がしているのは**通訳**です。

通常運転の心と異常事態になってしまった心の間で、言葉がうまく行き交うように橋渡しをする。

†カウンセラーの仕事は通訳

カウンセリングというと、カウンセラーが特別な聞き方をして、心を癒しているみたいなイメージがあるかもしれませんが、そうではないんです。

ほとんどの場合、クライエントの心に回復をもたらしているのは、**身近な人たち**です。本人のわかりにくくなってしまった言葉が、まわりに理解され、心配してもらえるようになり、話をきちんと聞いてもらえるようになると、心はだんだんと安心感を取り戻し、つながりが再生していきます。

カウンセラーの仕事は通訳です。

本人の言葉を翻訳して家族に伝える。あるいは、本人の異常事態になってしまった心がしゃべっている言葉を翻訳して、本人の通常運転しているほうの心に伝える。彼自身に彼のことを伝えるということです。そうすると、彼自身が自分について周囲に伝えられるようになる。

大切なところなので、さきほどの社会季評の例を出しておきましょう。

同僚が離婚したとします。最初は心配ですよね？　ですから、みんないろいろと配慮をして、気遣います。

だけど、そんなに長くは続きません。急性期が終わると、みんな少しずつ彼の離婚を忘れていき、日常に戻っていきます。

ですが、彼の抑うつはそのあとに始まります。緊急時は興奮していて、ある種の躁状態で苦境をしのぐのだけど、それが終ると長く続く抑うつがやってきます。そのとき、彼はふさぎ込み、イライラし、周囲との折り合いが悪くなる。

同僚たちは困ります。「なんであんなにイライラしているの？」と思ったり、「元から付き合いづらかったんだよね」と思ったりするかもしれない。彼のことがわからなくなってしまうわけです。

そういうときに、通訳がいると助かる。

イライラの背景にうつがあること、うつは緊急事態が終わったあとにやってくること、そういうことを翻訳してまわりに伝えることができたら、「そうだよな、離婚したんだもんな」と周囲は再び彼を理解し直すことができる。

世間知が再起動し、ケアが再開します。


理解には愛情を引き起こすちからがあります。

「あ、それくらい追い詰められていたんだ」とか「そう考えると、本当に苦しいよな」と思えた瞬間、僕らは相手に対してやさしくなれます。「愛さなくちゃ」と自分に言い聞かせるよりも、理解しようとするほうが、愛を機能させるためには役に立つ。

やさしくされることでしか、人は変われないし、回復できません。叱られることで回復することもあるにはあるのかもしれませんが、それはその背景に愛があったときだけですね。だけど、叱るときには、えてして愛よりも憎しみが勝ってしまうものです。

人間の心って、そういうものです。

†診断名のちから

診断名を得ることには賛否両論あると思います。

「なんでもかんでも病気のせいにするな」と言って、意志のちからで苦境を克服すべきであるという意見はさすがにどうかと思いますが、「医療化」つまり人生の諸問題を医学的な問題にしてしまうことの弊害を批判することには一理あるように思います。親の死のあとに元気が出ず、落ち込む時期を「うつ」と呼び、医学的な問題にしてしまうことで、みんなで悲しみを分かち合う機会をなくしてしまうなら本末転倒です。

ただ、僕自身は診断名によって得られるものも多いと考えています。「病気だとわかったところで何も変わらない」と嘆く方もいらっしゃるかもしれませんが、そんなことはない。**診断名には環境を大きく変えるちからがあります。**

たとえば、朝起きられず、毎日学校に遅刻してしまう子どもは、周囲から「早く寝ないからだ」「生活習慣が悪い」「怠け者だ」と責められがちです。

ここに「起立性調節障害」という診断名がつくと、環境は一変します。「病気」なのだと捉え方が変わると、学校や家族も本人に「がんばれ」というのではなく、必要な手助けや配慮をし始めます。

同じように仕事が失敗続きで、集中力を欠き、職場の人間関係でもトラブルを起こし続けている人に、「うつ」という診断名がつくと、会社には仕事を調整したり、休職の手続きをしたりする義務が発生します。周囲の人も「お大事に」と声をかけ、いろいろと手伝ってくれるようになる。

「病人役割」という社会学の概念があります。「病気」だと認定されると、日常の役割からは離れて、回復することが優先事項になるんですね。

ほら、風邪をひいて体温が37度を超えると、学校を休んでいいし、いつもは制限されているテレビが見放題になり、ジュースを飲み放題になるということが小学生の頃にありませんでしたか？

僕の家はそういう制度だったので、よく仮病を使ったものです。あれは社会学的には正しい制度だったんですね。

本当は医者が診断名をつけなくても、病人役割を取れるほうがいいのでしょう。「なんか調子悪そうだな、休ませてあげよう」と診断書なしで思ってもらえるなら、それが一番いい。

だけど、現代社会は人と人とがあまりに離れすぎているし、できるだけ個人的なことに立ち入らないようにするのが美徳になっていますから、病人役割を取るには医者の診断書が必要になりがちなんです。

診断名は、個人の意志の問題にされていたものを、病気の問題に変えてくれます。物語が変わるんです。

「あいつは怠け者だ」という道徳的な悪の物語が、「病気だからうまくいかなかったんだ」という医学的な物語になる。

すると、**「がんばれ」という言葉が、「お大事に」に変わります。**これは助かります。道徳ってね、心と体の調子がいいときに考えるべきことだと思うんです。正しいことをなすか否かを悩み、決断できるのは健康なときだけです。具合が悪いときには、目の前で生じることに反応するのが精いっぱい。

だから、追い詰められているときには、まわりから眉をひそめられるような言動をしてしまうものです。しょうがないです。

そういうときに必要なのは、**強い意志ではなく、診断書を書いてくれる医師**です。

†バカになる

そういう意味で、専門知はけっこう役に立つんですね。

ただし、専門知は世間知のあとにやってきて、そして世間知に戻っていくのが大事です。

世間知では理解できなくなったときに、専門家が「うつです」と言ってくれる。それを受けて、周囲の人が「ああ、離婚した直後だったもんな、元気そうに見えて、つらかったんだな」と世間知で物語を再構築する。こういうときに、専門知は役に立ちます。

ただ、専門家って、ときどき暴走するんですね。

特に勉強したてのときがそうです。

僕自身もそうだったのだけど、「うつ」とか「発達障害」とか「トラウマ」とか、新しい言葉を勉強すると、なんでもかんでもそれに見えてくるんです。

心理学の言葉であらゆるものを語りたくなってきて、友達同士で「その発言、投影同一化してるよ」とか「あいつはマジでナルシストだ」みたいなことを飲み会で言うようになるわけです。

これは超楽しいんですよ。世界のことを完全に理解したって感じがして、万能感にひたれる。

多くの臨床家が同意してくれるんじゃないかと思います。**専門知を勉強すると、人は一時的に専門バカになります。**

そのうえで熱狂から醒めていくのが、本当の意味で専門家になっていくために必要なプロセスです。

専門知を使うことで起こる弊害を自覚して、最終的には人はカウンセリング室とか病院で生きていくのではなく、世間で生きていくことを認識すると、適量で専門知を使えるようになります。

専門家になるというのは**根源的にはバカになること**です。専門知というのは複雑すぎる世界をシンプルな軸で切り取ることなわけですから。

「バカとハサミは使いよう」ということわざは、この「切り取る」感じをうまく表わした言葉ですね。

ですから、世間知だけではゴチャゴチャしすぎるときに、専門知でそっと切れ目を入れるといい。あとは素手で問題を解きほぐすのが安全だと思います。

†世間知の正体

世間知の正体とは何か。

今あまり評判のいい言葉ではないのですが、**「ふつう」という言葉が使われるとき**に働いている知のことです。

「ふつう、それは落ち込むよね」とか、「ふつう、そんなことあったら学校行けなくなるよ」とか。そういう言葉をかけられて、「ああ、そうか。つらく感じているのは、私が弱いからではないんだ」と思えたとき、僕らは世間知に助けられています。

あるいは「ふつうはさ、そういうときに手を抜くんだよ」とか、「ふつう、そのあたりは先生に言っておくと、なんとかしてくれるよ」とかと教えられて、「なるほど、そうやってみんなこなしてるのか」と分かったとき、あなたは世間知を学んだと言えるでしょう。

世の中とはいかなるもので、どうすればそこそこ生きていけるのか、そのある程度「みんな」が共有している認識や知恵を教えてくれるのが世間知です。

ですから、その「そこそこ」を逸脱するようなひどいことが起きたときに、「そりゃひどいよ」と世間知は言ってくれます。あるいは、「そこそこ」やるための、具体的なライフハックを世間知は教えてくれる。

英語にするとWorldly WisdomとかWisdom of Worldと言うみたいです。賢者感がありますす、かっこいいですよね。

僕らは頻繁にworldの**「ふつう」がわからなくなってしまいます。**

特にストレスがかかって、苦しくなってきたときはそうです。落ち着いているときだったら「それはおかしいでしょ」と指摘したり、拒否したりできることも、追い詰められていると「これがふつうなのかもしれない」と受け入れてしまう。

なにが「ふつう」なのかって、数値化された基準があるわけじゃないから、難しい。ですから、「それはふつうじゃないですよ、ひどいです」とか「ふつうなら、そこは助けてくれるはずです」と指摘するのは心理士の重要な仕事です。見失われやすい「ふつう」を回復して、羅針盤を取り戻すお手伝いをするわけです。

ただし、世間知とか「ふつう」がユニバーサルなものじゃなくて、ローカルなものであるのが重要です。

「ふつう」は複数あって、唯一のものじゃない。

たとえば、小学校の先生には小学校の先生の「世の中」があるし、ネイリストにはネイリストの「世の中」があります。どうやったらそこそこやっていけるのかは、それぞれのworldで全然違いますよね。

これを混同してしまうと悲惨なことになります。「飲み会で親睦が深まる」という世間知が、若い世代からするとハラスメントになってしまうのは、違う「ふつう」を生きているからですね。

ちがったworldを生きている人に「ふつう」を押し付けると、傷つけることになります。今、「ふつう」という言葉の評判が悪いのはそのせいですね。

「ふつう」は毒にも薬にもなる。

「ふつう」が毒になるのは、世間知が排除や否定のために使われるときです。たとえば、「ふつう、それくらい働いても問題ないよ」というとき、その人が感じている疲弊が排除されてしまっています。

これは「ふつう」という言葉を使って、その人の今の形を否定して、別の形へと変えようとしているわけです。世間知の残酷な使い方です。

これに対して薬になるのは**包摂と肯定のために使うとき**。「ふつう、それくらい働いていたら、倒れるよ」このとき、「ふつう」はその人の疲弊している部分を包摂するために使われています。月150時間とか残業しているのに、自分ではそれがおかしいと思っていないとき、この「ふつう」はその人の苦しさを肯定するように働くわけです。

†理解がエイリアンを人間に変える

整理しましょう。

人を孤立させる「ふつう」は、悪しき「ふつう」。これに対して、他者とのつながりをもたらす「ふつう」は、善き「ふつう」。

じゃあ、ふたつの「ふつう」を分かつのは何か。

理解をもたらすか、否かです。

苦しいことを話して、「それくらいふつうでしょ」と言われると、それ以上理解を深めることができません。ここでは「ふつう」という言葉で理解が諦められています。すると人は孤立を深めてしまう。

これに対して、「それはふつうの状態じゃないよ」と言われると、自分がどれだけ苦しかったのかを自分で気づけますし、もっと他人に伝えることができるかもしれない。このとき、「ふつう」は理解を深め、つながりを強くするために使われています。

理解。これが重要です。

カウンセリングではときどき「理解では何も変わりません」と言われることがあります。「話を聞いただけでは何も変わらない」と同じです。絶望感がにじんだ言葉です。

たしかに、理解されることによって、一瞬で人が変わることはありません。「わかってくれた！」と感じて、次の日から行動が変わるというのは、ドラマではありえても現実ではほとんど起こりません。心の変化は**弱火でとろとろと煮込むように**、ゆっくりと起こります。

たとえば、不登校の少年。最初、カウンセリングにやってきた時点では、彼はエイリアンのようです。なぜ彼が学校に行かないのか、彼が何に苦しんでいるのか、まわりの人は理解できません。

だから、周囲は励ますつもりで、あるいは刺激を与えようと思って、彼のことを傷つけてしまいます。ときには「本当はさぼりたいだけなんでしょう」とひどいことを言ってしまったりする。それでますます、彼は人間関係から撤退し、孤立を深めていきます。

カウンセリングが始まると、少しずつ彼の理解がなされていきます。彼の中には学校に行きたい気持ちもあること、それでも学校にいけない自分をひどく悪い人間だと思って自分で自分を責めていること、そしてまわりもまた自分を責めていると感じていること。切ない思いで生きている彼が理解されていきます。

もちろん、心理士がそう理解したとしても、一瞬で問題が解決するわけではありません。彼自身も少しは自分のことを理解するかもしれないけれど、自分を責める声を止めるには至りません。

だけど、心理士はその理解を両親や学校の先生に伝えます。すると、彼を見る目が少しだけ変わります。

今までだったら「おなかが痛い」という言葉はサボるための言い訳だと思われていたけど、そこに本当に苦しんでいる彼の姿が見えるようになります。

あるいは、前日にランドセルに教科書を詰め込んでいる様子が、両親をごまかすためではなく、彼なりの学校に行きたい思いに見えてきます。

そのとき、少年はエイリアンではなく、「人間」に見えてきます。意味の分からなかった存在が、心を持った人に見えてくるわけです。すると、周囲は彼に眉をひそめるのではなく、見守ることができます。

この時間が人を変えていきます。

エイリアンとして過ごす日々は、着実に人を損なっていきますが、人間的に見守ら

れる時間は、少しずつ心を修復してくれます。

†時間のちから

時間って不思議ですよね。

時が経てば経つほど事態が悪化していくときもあれば、時間をかけることで事態が好転していくこともある。

その分岐点は、その時間を**他者と共有しているか否か**です。

孤立しているときには、自分で何とかしようとするから、状況を余計に悪くしちゃいがちです。だけど、きちんとつながりがあるならば、目に見えにくいかもしれないけれど、小さな配慮が大量になされていきます。

つながりがあるときの時間の流れは治療的で、つながりがないときには破壊的になる。時間を生かすも殺すも、つながり次第。

臨床心理学の専門家として、いろいろと高度な理論を学んできて、心は本当に複雑だなと思い知らされる一方で、つながりをもてるかもてないかというごくごくシンプルなことが、心にとっては決定的に重要であることを痛感する毎日です。
高度な理論は、シンプルな原理を生かす限りにおいて意味があると言えるのでしょうね。

まとめましょう。
みんなが心配している。そして、本人もしばしその心配に頼ることができる。
これが心の回復の核心です。
言葉を変えるならば、次のようになります。
みんなが聞こうとしている。そして本人も聞いてもらうことを恐れなくなっている。
そういうときに、心は回復していく。
ここに、聞くことのちからがあります。

第4章 誰が聞くのか

†対話を担う第三者

対話が大事、と至るところで語られている社会とは、対話が難しくなった社会にほかならない。

社会を二分するイシューを思い浮かべてみてほしい。憲法や歴史認識でも、子育て給付金でも、皇族の結婚でも、あるいはコロナ禍における忘年会の是非でも、なんでもいい。社会にはヒリヒリした問題がたくさんあり、立場の異なる者同士が、膨大な言葉を交わしあっている。

エビデンスやファクト、ロジックや物語が行き交う。だけど、言葉は両者を余計にヒリヒリさせるだけで、全然伝わらない。すると、より強く主張せねばと互いに思うから、声は大きくなり、**言葉は硬くなる。トゲが生える。**かくして切っ先鋭くなった言葉たちは対話を深めるのではなく、対立を深めてしまう。

新聞や雑誌でも両論併記が難しくなっていると聞く。異なる立場の意見を同じ場所に置いておくと、紙面も読者もヒリヒリしすぎてしまい、伝わるべきことまで伝わらなくなってしまうのだと思う。

＊

伝え方の問題だろうか。いや、「聞く」が不全に陥っている方が問題だ。両論併記の紙面を眺めるように、難しくなった対話を外から見ていると、**お互いに相手の言葉を誤解し続けている**ように見えるからだ。というのは、第三者による気楽な戯言（ざれごと）なのだろう。当人たちは相手の話を必死に聞こうとしているからだ。だとすると、何が起きているのか。

たとえば、古い友人と再会して、またみんなで飲みたいね、という話になったとしよう。彼は早速、昔のメンバーに声をかけて、忘年会を企画すると言い始める。だけど、あなたは万が一感染者が出たらと思うと不安になる。だから、今じゃなくてもいいのでは、とやんわり伝える。

すると、相手は急に説得モードになる。現在の感染状況を根拠に「今なら何の問題もないよ」と言う。あなたにはいくぶん軽率に思える。だから、「リスクはあると思う」と伝えて、オミクロン株のことを挙げる。不安だとハッキリ伝える。しかし、相手は聞いてくれない。「心配しすぎ」とヒリヒリし始める。彼はさらなるファクトを挙げ、「経済を回すのも大事じゃん」と加える。あきれてしまう。適当なこと言って、ただ飲み会をしたいだけでしょ？「人の命がかかってるんだよ？ちゃんと考えてる？」。言葉のトゲは隠しようもない。当然彼はムッとする。「馬鹿にしてるよね？」

ああ、対話はうまくいかない。懸命に伝えたはずの言葉が、曲解され、歪曲（わいきょく）され、邪推され、見当違いな答えが返ってくる。だから、話を聞けば聞くほど、この人はおかしいのではないかと思ってしまう。

聞けなくなるのは相手が悪魔的に見えるときだ。相手の言葉の裏に嫌悪すべき何かが垣間見えてしまうのだ。だとすると、**聞かれていないのは、言葉の内容ではなく、相手の切実な事情に他ならない**。忘年会決行論の裏に、現在の職場で孤立して苦しんでいる彼がいたこと。あるいは自粛論の裏に、身内が医療関係者で、その働きぶりをひどく心配してきたあなたがいたこと。そういう事情が互いに伝わっていたなら、どうだっただろう？　トゲのある言葉に、悪意とは違った切実さが響いていることが聞こえたはずだ。

しかし、ヒリヒリした対立のさなかにいて、相手の事情にまで思いをはせることなんてできるのか。ひとたび言葉がすれ違い、攻撃的になるなら、相手が悪魔的に見えてしまうのは避けがたいではないか。

その通り。だから、最初に聞く役割を担うべきは第三者だと私は思う。対話は二人きりでするものではないのだ。あなたの切実な事情を裏で聞いてくれる第三者、そして相手にもまた別の第四者が必要だ。ここに「聞く」の秘密がある。聞くためにはまず聞かれなくてはならない。

誰も自分の話を聞いてくれないと思うとき、社会は敵だらけの危険な場所に見える。すると、当然のことながら、他者は悪魔的に見えやすくなる。だけど、もし誰かが十分に聞いてくれたならば、世界には理解してくれる人**「も」**いると思える。その信頼感が悪魔的に見える人にも人間的事情があるかもしれない、と想像させてくれる。それが「聞く」を再起動する。

*

そう思うと、両論併記できる場所には価値がある。二者の対立に閉じられたイシューが第三者へと開かれるからだ。もちろん、第三者は善いものだとは限らない。高みの見物を決め込み高説を垂れる人もいるだろうし、中立に見せかけて強者に加担する人もいるだろう。だけど、中にはやむにやまれぬ事情で対立する当人たちの話を横で聞こうとする第三者もでてくるはずだ。

高みでも、中間でもなく、**横に立つ第三者**。そういう支えがないと、対話はできない。対立から変革が生み出されるのは、善き第三者がいるときなのだ。もしかしたら、私が対人援助職をしていることによる理想論に聞こえるかもしれない。だけど、本来社会とはそうやって当事者と第三者がさまざまな関わりをなす場所ではなかったか。社会とは3人以上の人が集まるところにはじめて生まれるものなのだから。

（朝日新聞、2021年12月16日付朝刊オピニオン面）

†食卓を分断する話題

最後の章ですから、誰に聞いてもらうとよいのかを考えてみようと思います。

新聞で評論を書くようになって気がついたのですが、心理士として社会問題を語るのって本当に難しいんですよ。

個人的には意見がないこともないし、友人などとそういう話をすることはよくあります。ですが、カウンセラーとして物を書いているときには、基本的に突っ込んだ意見を書くことを控えています。

もちろん、心理士の中には積極的に社会問題について発言をする方もいらっしゃって、それはそれで大事なお仕事をなされているのは理解しています。ただ、僕のやっている臨床だとなかなか難しいんですね。

というのも、僕のオフィスにはさまざまな政治的立場をもったクライエントがやってくるからです。

たとえば、午前最初の面接でオリンピック開催を強行しようとする政府への怒りを聞いたと思ったら、夕方の面接では、オリンピックが中止になったら、ここ数年積み重ねてきたものがすべて喪失してしまうという嘆きが語られます。どちらにも**切実な事情**があります。

あるいは、新自由主義を強固に支持しているクライエントのことを思い出してもいい。人々はもっと自立すべきで、政府に頼るべきではないと彼は熱烈に語っていました。僕は個人的には社会にはもう少し依存があったほうがいいと思っているのですが、口を挟(はさ)まず、話を聞いていました。

しばらくすると、話題が変わり、厳しい環境で育った幼少期に、助けを求めようとしてひどい拒絶を受けたことを彼は語り始めます。暴力をふるう親のことを、学校の先生に勇気を出して相談してみたら、「家のことは家で解決してほしい」と言われたのだと。

「人々は自立すべき」と語る彼の背景には、依存を許されず自立を強いられてきた過去があったということです。

政治とは人々の**生きづらさを解消していくために、社会を動かしていく営み**です。

ですから、それぞれの政治的立場の裏には生きづらさや傷つきが潜んでいることがままあります。それらこそが強い政治参加を生み出すわけですから当然です。

そういう裏の話を聞くためには、治療者は政治的な立場を表明しないほうがいい。フロイトはそう考えて、このような治療者の態度を「中立性」と呼びました。

ただ、これは今、あまり評判がよくありません。中立性は結果的にはマジョリティを擁護する保守的な姿勢になっているという厳しい批判もあります。

実際そのとおりだとも思うんです。自分の意見を表明しないことには、隠れ蓑に逃げ込むような卑怯さがたしかにあります。

ですから、悩ましくはあるのですが、それでも話を続けるために、中立性が役に立つことは実際にあります。

政治の話や宗教の話は、食卓でしてはいけないと言われます。

政治は白か黒かはっきりと立場表明を迫るものです。そうすることで、社会を動かしていくちからが生まれるわけですから、いずれの立場を支持するかをきちんと表明することが、市民として大切なのは言うまでもありません。

しかし、**立場が違うとき、食卓は緊迫します。**政治はおしゃべりの対象とするにはセンシティブなテーマなのです。

好きな映画については、議論をして合意に至らなくても全然問題ないわけですが、政治については合意ができないときに強いストレスがかかります。自分自身が今暮らしていて、明日からもそこで暮らそうとしている社会をどうするかという切実なテーマだから当然です。

中立性が役に立つのは、テーブルを分断し、おしゃべりを中断させてしまうほどの激しい信念が、どのような事情で生じてきたのかを聞こうとするときです。

白か黒かの結論を出したり、それを支えるエビデンスやロジックを議論したりするのではなく、その白と黒の裏側にある傷つきの物語に耳を傾けるために、ひとまず自分の意見はおいておく。

†「話せばわかる」が通用しないとき

対話が成立しなくなるのは、お互いが**悪魔化**して見えてしまうからです。

そういうとき、相手が悪魔になっているだけではなく、僕らもまた「いつもの自分」ではありません。

悪魔が目の前にいるときに平静でいられるはずないですよね。僕らは言葉上は勇ましいことを言い返しているかもしれないけど、本質的には恐怖を体験しています。

ですから、「話せばわかる」とはなりません。相手の言葉の裏には、悪意や傲慢さ、愚かさが垣間見えます。言葉を交わせば交わすほどに、相手への憎しみや軽蔑が募ってしまう。

そういうとき、他者は絶対的な敵になっているから「話せばわかる」どころか「言葉で切られる」となってしまうので、とても対話していられません。

相手が悪魔化して見えるときに、僕らの心の中にかつてまみえた**敵の記憶が蘇っている**のが重要です。過去の色彩が現在を染め上げているということです。

いわゆる、「トラウマ」というやつです。

今思い出しても、いろいろと嫌なことが思い出されて、ムクムクと当時の気持ちが蘇ってくる相手というものがあなたにもおられるのではないでしょうか。人生には「敵」としか言えない人と出会ってしまうことがあるものです。

問題はトラウマが刺激されると、現在目の前にいる人が、そのときの敵と同じくらい極悪に見えてくることです。

スターリンとかポルポトのような**独裁者**ってそうだったと思うんですよ。

身内に一人裏切り者がでると、トラウマが刺激されます。かつて敵に囲まれた記憶がよみがえる。

だから、目の前の裏切り者だけではなく、ほかのやつらも自分を憎んでいるんじゃないかと思い、悪魔に囲まれている気がしてくる。だから、放置しておけず粛清する。

すると余計に憎まれている感じがしてくるから、粛清をし続けなきゃいけなくなってくる。

スターリンに支配されていた人は恐怖に怯えていたと思いますが、この場合最初に怯えはじめたのはスターリンです。

そういうときに必要なのは、**敵じゃない人**を見つけることなのでしょう。一人でもいいんですよ。誰かが味方であることがわかると、闇夜に朝日が兆したかのように、フェイズが変わりはじめます。まだまだ空は暗いけど、それまでの暗さとは質が変わる。誰かが苦しさをわかってくれていると、一人ぼっちではなくなります。

ここが心の不思議なところですよね。

一人がわかってくれたならば、二人三人とわかってくれる人が見えてくる。そうすると、敵を全滅させなくても、自分の居場所があると思えます。

独裁者も誰かに話を聞いてもらえるとよかったのかもしれません。いやでも、そうは思えないから独裁者になるのか。

†幽霊の話

敵の問題は重要なので、もう少し深掘りしておきましょう。

敵に見えた人が本当に悪意を持っていることもよくあります。それは本物の敵です。相手にも事情はあるのでしょうが、それに付き合うことはできません。ハラスメントを受けているときがそうであるように、まじめに相手の言うことを聞こうとしてしまうと、心身が持ちません。

距離をとるか、誰か権限のある人に訴え出て相手を引き離してもらうか。とにかく逃げるのが吉。諸々のことは**逃げたあとに考えればいい**。

しかし、こちらの問題で敵に見えていたけど、本当はそんなに悪いやつじゃなかったということもときどきあります。「幽霊の正体見たり枯れ尾花」ということわざがありますが、自分の心に幽霊が棲んでいるとき、ただのススキが幽霊に見えてしまいます。

その見分けが本当に難しいのです。そういうときは、まわりに聞いてみるのがいいと思います。

「こういう人がいるんだけど、どう思う？」

何人かに話を聞いてもらって、意見をもらう。そうすると、だんだんとススキなのか、幽霊なのかがわかってくるはずです。

さて、この場合の幽霊とは何か。かつての苦しかった人間関係の記憶であり、さきほど言ったとおりトラウマです。

たとえば、あなたの親がありとあらゆることを管理して、コントロールしてくる人だったとしましょう。すると、職場の上司に何か注意をされたときに、幽霊が蘇ります。

その上司が自分の親のように、細部まで口出ししてくる人のように思え、今後もさまざまに介入をしようとしている意地悪な人に見えてきます。上司が幽霊に染め上げられてしまっているわけです。

こういう現象を精神分析家のフロイトは**「転移」**と呼びました。過去が現在にリメイクされているわけです。

あなたがいま憎んでいたり、恐れていたりする人が、本当にそういう人なのか、あるいはあなたの幽霊が重なっているだけなのか。

これが、人生の様々な局面で**突き付けられる難問**なわけです。

†聞いてもらおう

幽霊が猛威を振るっているときは、対話が難しい。しゃべればしゃべるほど、相手が敵である証拠が無限に見つかってしまいます。

だけど、幽霊がやわらぐと、敵に見えていた人の別の側面が見えてきます。

たとえば、コントロール過剰で支配的な人だと思っていた上司が、実は案外ずぼらな性格で、お人よしであるがゆえにおせっかいをしてしまう人であったことが見えてくるかもしれません。そういうとき、あなたには相手の複雑さが見えはじめています。

そうなってくると、ようやく上司との間で生産的な話し合いができるかもしれません。結局のところ、対話が成立するのは、お互いの複雑さを複雑なままに理解しあえるときだけです。

ならば、いかにして幽霊をやわらげるのか。お決まりの結論になりますが、聞いてもらうことが必要です。

ただし、それは当の上司に聞いてもらうことではありません。彼と話をしたとしても、いまはまだ嫌な気持ちがするだけです。そうではなく、話してみる相手は第三者がいい。

友人に上司の話をしてみましょう。できるだけ長い話にしたほうがいい。

たとえば、上司のことだけではなく、親がコントロール過剰であったことまで話してみる。だからこそ、少しでも自分をコントロールしてこようとする人に対しては、ものすごく嫌な気持ちがしてしまうのだと。

結局のところ、幽霊が弱まるのは、傷ついている気持を誰かがわかってくれているときだけです。

自分にも複雑な事情があったこと、自分なりに切実な思いをしてきたこと、そういう気持ちをわかってもらい、**苦しい気持ちを預かってもらえると、僕らの心にはスペースができます。**そこに複雑な自分の置き場所ができ、他者の複雑さを置いておくことができるようになる。

このメカニズム、苦しいときにはなかなか信じられないと思うのですが、安定した気持ちのときには実感できるからふしぎです。

第三者には3種類ある

第三者に話を聞いてもらうことがどれだけ役に立つのかは、今の世の中では忘れられがちです。多分、わかりやすい効果が目に見えるわけではないからでしょう。

たとえば、職場で孤立していた彼が同窓会に参加して、話を聞いてもらったとしても、そのことで職場での孤立が解消するわけではありません。

話を聞いてくれた人は、彼の職場とは全然関係がないから、現実的な問題解決に役立つわけじゃない。そういう意味では第三者は無力です。

だけどね、誰かが聞いてくれて、**「そりゃひどい」**とか**「よく耐えれるね」**と言ってくれると本当に助かる。

孤立しているのは自分がダメなやつだからだと思っていたのが、職場にも非があると思えると少し元気がでます。誰かが自分の正当性をわかってくれていると思えると、現状を変えるためのアクションを起こせるかもしれません。

「聞く」は現実に直接作用するわけではなく、心に作用します。それは間接的な作用かもしれないけれど、最終的に現実を変えていくちからになると思うのです。


このとき、第三者に3種類あることを思い出してもいいかもしれない。

ひとつめは**司法的第三者**です。「客観性」と言い換えてもいい。

話を聞いて、状況を把握して、裁定を下してくれる第三者です。そういう人はどうしても上から目線になりますから、近くにいたらムカつくかもしれませんが、遺産相続問題みたいに事態が混迷を極めているときには、そういう第三者がいてくれると助かります。

もうひとつは**仲裁的第三者**です。

中立性を保つことで、揉めてしまっている当事者たちの間を取り持つのが役割です。

当事者同士ではもはや言葉で話し合うことができなくなるときに、この第三者がいてくれると、対話の糸口を見つけたり、対立にもかかわらず用件を済ませたりができます。戦争中に中立国で捕虜の交換をしたりするのは、この仲裁的な機能の表れですね。

そして、最後に**友人的第三者**。

司法的第三者が上に立ち、仲裁的第三者が真ん中に立つのに対して、友人的第三者は当事者たちの横に立っています。いや、裏と言ってもいい。つまり、争いとは離れたところで、裏話を聞いてくれるのが友人というものです。

たしかにそれは脆弱です。司法的第三者や仲裁的第三者が、直接現実に働きかけて、現実を変えてくれる可能性があるのに対して、友人的第三者は間接的です。無関係な場所にいて、できるのは話を聞くことだけ。非力に見えるかもしれない。


でもね、だからこそ、友人的第三者には有利な点もあります。

直接現実に関わらないからこそ、友人は僕らのサイドに立って話を聞くことができる。自分の身に降りかかる火の粉を気にせずに、僕らの怒りや恐れに寄り添ってくれます。そういうときだけ、僕らは本音を漏らすことができます。

意見が同じ味方がたくさんいるよりも、友人が一人いることのほうが、心にとっては貴重なのではないでしょうか。

もちろん、仲間がたくさんいたほうが、現実的にはいろいろなちからになると思うけど、仲間は利害が一致しなくなったら敵になってしまいます。立場が違ったり、思想が違ったり、利害が一致しなかったとしても、それでも付き合い続けられるのが友人のいいところです。


「お前はいろいろあるけど、やっぱいいやつだと思うよ」


そう言ってくれる人が、一人いると助かります。人生の苦境にあってはなおさらです。

そういう意味で、この本の「聞く」論は、実は友人論でもあるんですね。

家族でも、仲間でもなく、友人。

そういう第三者が裏でこっそりとわかってくれていることの価値を、手を替え品を替え語っているわけです。

†聞かれることで、人は変わる

この本の背景になっているのは、「リソースが限られている社会で、それでもいっしょに暮らしていくためにはどうしたらいいだろうか？」という問いです。社会には深刻な分断がさまざまにあり、人々の利害関係は対立しています。リソースに余裕があるのならば、不利益を被っている人たちをひとりずつケアしていくことができるのでしょうが、僕らの社会では今それが難しい。一つをケアすれば、別のところに欠乏が生じてしまう。

ですから、様々な声が上がってきても、その声はちゃんと聞かれません。聞かなきゃいけない側もまた、自らの問題を抱えていて、脅かされたように感じるからです。悪魔化が起こるのはそういうときです。

たとえば、オリンピックの開催にせよ、感染予防対策にせよ、ワクチン接種にせよ、賛否両論ありました。

それぞれが切実な理由を語っていたわけですが、コロナ禍にあってはすべての立場の人が追い詰められていて、自分とは異なる見解に耳を傾ける余裕がありませんでした。

互いに相手陣営を悪魔化して、自分たちの声を聞いてほしいと叫び続けることになりました。そうなると、社会は分断され、最後はちからで押し切るしかなくなります。

リソースが限られている社会とはそういうものです。

思えば、コロナ以前から日本は余裕がなく、若者の声に応えようとすると、高齢者のリソースを削減せざるを得ず、地方の声に応えるならば、都市のリソースを減らさなくてはいけないという状態にありました。

でも、当然、高齢者には高齢者の事情があり、都市には都市の苦境があるわけですから、亀裂が深まっていくことになります。

日本だけじゃありません。

トランプ現象を思い出してもいいし、ブレグジットを思い出してもいい。世界中で深刻な分断が生じ、両陣営ともに自分の声が聞かれていないと訴えるようになっていました。

必要なのが対話なのは明らかです。リソースは限られているのだから、話し合い、調整し、落としどころを見つけないといけない。

だけど、そういうときほど対話は難しい。

利害が深刻に対立しているとき、僕らは相手の話を聞けません。話せば話すほどに、傷つきが深まるからです。僕らの心には「敵か味方か」という想像力が働き、お互いを悪魔化していくことになります。

聞いてもらえていないとき、まわりが敵だらけに見えてきます。視野が狭まり、不安が強くなり、考えるちからが損なわれます。孤立は心を蝕み、自分や周囲を傷つけるような行動をとらせてしまいます。

当事者同士で対立している問題について話し合いをするのがどれだけ難しいか。家庭内不和の多くが話し合いで解決されず、話をしようとすることで余計に悪化してしまうのと同じです。

そういうときに役に立つのは、しばし距離をとることであり、離れた場所から配慮を重ねる時間です。対話から問題解決が始まるのではなく、**対話をできる状態になる**

こと自体が最終目標です。

そのために第三者の聞くちからが必要です。

当事者同士の対話が始まるまでには、第三者がそれぞれの当事者の話をきちんと聞く必要がある。友達が聞いてくれていて、切実な事情を分かってくれているから、自分のことを全然わかってくれない夫の言い分も聞いてみようかと思えるわけです。テーブルに着くまでが大変なのです。十分に話を聞いてもらい、自分の物語にも正当性があると信じられてはじめて、他者の物語に耳を傾ける準備ができます。

†当事者であり、第三者でもある

ならば、具体的に誰に聞いてもらえばいいのか。友人的第三者とは誰なのか。

これが難しい。

そりゃ身近に信頼できる友人がいれば、その人に聞いてもらうのがいい。だけど、「友人」と言われると困ってしまう人が多いかもしれませんね。

「あいつって友達かな……本当に友達って言えるのかな……」と考え始めると、友人なんか誰もいないような気がしてくるものです。それで結局、誰にも話ができなくなってしまう。

幼い頃は公園で30分も遊べばすぐに友達になれたのに、大人になると、何年も机を並べて仕事をしていたとしても、全然友達になれなくなるからふしぎです。

友達のハードルが上がりすぎるのかもしれません。「親友」みたいに心の底から打ち解けていて、絶対に裏切らないという確信がないと、「友達だ」と思いにくいのかもしれない。

でもね、友人的第三者の力点は「第三者」のほうにあります。問題から少し離れたところにいる誰かというのは、助けを求めると基本的に親切にしてくれるものだと思うんですね。そして、親切にしたりされたりしている関係を、僕らは「友人」と呼ぶのだと思うわけです。

ですから、**誰でもいい**。同僚や上司でもいいし、取引先の人でもいいし、顔馴染みのクリーニング屋さんでもいい（もちろん、家族だっていい）。戸惑う心をちょっと漏らしてみてほしい。そこで聞いてもらえた体験の蓄積が、あなたに新しい友人をもたらしてくれるはずです。

いや、それでもどうしても話せる相手が思い浮かばないときもあります。そういうときに、ちゃんと話したほうがいいよとアドバイスされても困りますよね。

だとすると、結局はお願いするしかありません。

あなたから始めてもらえないでしょうか。

第三者として、あなたが誰かの話を聞いてみてほしい。それが「聞く」がグルグルと循環するための最初の一歩になると思うのです。

僕らはみんな、自分の人生の当事者です。

人生にはさまざまな困難が起こり、その中には理不尽なこともたくさんあります。僕らは当事者として、自分のことをできるかぎり自分で決められるよう、格闘しています。

そういうときには、誰かに話を聞いてもらえると助かります。それは少なくとも、つながりをもたらしてくれます。僕らを孤立から引っ張り出してくれる。すると、僕らに考えるちからが戻ってきます。

しかし、同時に、僕らは常に当事者であるわけではありません。世界は広いし、世の中には自分と関係のないように思えることがたくさんあります。

ユーラシア大陸の向こう側で戦争が起きていて、マンションの別の階の一室で悲劇が起きています。僕らは第三者で、手も足も出せないまま、成り行きを見守るしかない。

だけど、話を聞くことはできます。

もしかしたら、うしろめたく感じるかもしれません。当事者が悲惨な境遇を語っているのに、自分は安全圏にいる。

ひょっとしたらおせっかいと思われるかもしれないし、「わかってないくせに」と言われるかもしれない。そんな立ち入った話を聞いていいのだろうかと思ってしまいます。

だけど、思うのです。**おせっかいに案外ひとは助けられます。**

思ってもいないところから、つながりの糸が伸びてくる。想像もしていなかったひとから心配されていたことに気づく。この世界に、友といえるひとがいたことに驚く。

誰かが話を聞いてくれる。それがちぢこまってしまっていた心をゆるませ、心を再起動するためのスペースを作ってくれる。


当事者であるときは話を聞いてもらい、第三者であるときは話を聞いてみる。立場は交互に入れ替わります。

あるときには聞いてもらう側だったけど、別のときには聞く側になる。「聞いてもらう技術」を使うときもあれば、「聞いてもらう技術」を使っている人を見つけて「なにかあった？」と尋ねるときもある。

「聞く」がそうやってグルグルと循環しているときにのみ、「社会」というものはかろうじて成り立つのではないでしょうか？

部族とか村とか、小さな運命共同体しかなかったときには、全員が当事者でした。

共同体がうまくいかなくなったら共倒れになってしまうわけですから。

だけど、都市ができて、世界が広がって、お互いがお互いを知らず、責任を持たない個人たちが登場して初めて、「社会」が生まれてくる。第三者の登場こそが「社会」の発生です。

したがって、「社会」問題に取り組むためには、聞く第三者がいないといけない。当事者同士がリングの上で血を血で洗う争いをせざるをえず、傷つきが溢れかえるときに、リングサイドで第三者が話を聞いてくれる。

そういう時間があるから、心を持ち直して、もう一度リングに戻って対話を続けることができる。

苦しい対話の果てに、どこかで妥協点を見つけるためには、その裏で誰かがわかってくれている必要があります。**「悔しいよね」と誰かが言ってくれるから、**僕らは悔しい気持ちに少しだけ耐えられるようになります。

†聞く技術と聞いてもらう技術

「大丈夫?」

「あまり大丈夫そうには見えないんだけどな、眠れてる?」

「いつから調子悪いの?」

「なにかあった?」


「聞く技術」の本質は、**「聞いてもらう技術」を使ってモジモジしている人**にそう声をかけるところにあります。

「なにかあった?」と声をかけることで、話が始まります。

聞いてもらった人は少し回復し、危機を乗り越えることができるかもしれません。

すると、次はその人が別のモジモジしている誰かに「なにかあった?」と声をかけることができる。

あるとき、声はあなたにかかります。

「なにかあった?」

第三者として誰かの話を聞いていたはずのあなたが当事者としてモジモジしているところを見ている人がいたのです。

聞くが循環するとはこういうことです。

「聞く技術」と「聞いてもらう技術」はセットになっていて、グルグルと回っている必要があります。

そうじゃないと、いくら「聞いてもらう技術」を身につけたとしても、話を聞いてくれる他者があなたのことを見つけてくれませんよね。

そして、それこそが、いま僕らの社会が陥っている苦境だと思うのです。

目を凝らしてまわりを眺めてみてください。社会のいたるところでモジモジしている人が見つかるはずです。

いや、モジモジどころじゃない。

不安のあまりに暴走したり、痛みのあまりに他者を攻撃したりしている人も「聞いてもらう技術」を使っています。そこには聞かれていない長い話があって、誰かに聞かれることを待っています。

「なにかあった?」と声をかけ、彼らの抱えている複雑な事情を、時間をかけて聞いてあげてほしい。

白か黒かの極端な結論だけではなく、その裏にある**灰色の長い話**に耳を傾けてほしいのです。

いや、違う。

本当はあなたこそが「聞いてもらう技術」を使っているのでしょう。

この本を手に取っていることこそが、その証左です。あなたは「聞く」をめぐって、何か困難を感じていたから、この本を読もうと思ったはずです。

だから、やっぱり聞いてもらう、から始めよう。

自分がちゃんと聞いてもらえているときにのみ、僕らは人の話を聞くことができます。聞いてもらわずに聞くことはできない。

必要なのは体をモジモジとさせて、「ちょっと聞いて」と言うことです。誰かに話を聞いてもらってください。

いや、それじゃダメなのかもしれない。

「ちょっと聞いて」と言うためには、まわりに「なにかあった?」と言ってくれそうな人がいなくてはいけない。希望がないときに、僕らは助けを求めることができないのだから。

だとするならば、必要なのはまず「聞く」かもしれない。

……聞く技術……でも……聞いてもらう技術……しかし……聞く技術……とはいえ……聞いてもらう技術……

ああ、話が堂々巡りになってきた。

それはきっと、**この本が終わろうとしているから**です。

「聞く」と「聞いてもらう」がグルグルと回るために、「聞く」と「聞いてもらう」のどちらを最初に動かし始めたらいいのかがわからず、僕はいま堂々巡りをしています。

ここが**この本の終着点**なのでしょう。

どっちでもいいはず。

あなたに可能なほうから始めるしかない。

誰かの話を聞いてもいいし、誰かに話を聞いてもらってもいい。

どちらから始めても、「聞く」はきっとグルグルと回りはじめるはずだから。

「聞けない」と「聞いてもらえない」の悪循環を、「聞く」と「聞いてもらう」の循環へ。

そのための最初の一滴をこの社会は必要としています。その一助となればと思って、この本は作られました。

ですから、あとは**読者であるあなた**に託して、この本を終わろうと思います。

聞くことのちからを信じて。

あとがき――聞く技術　聞いてもらう技術　**本質編**

うんと若い頃、心理士という仕事をどこかで魔法使いと重ねていました。夜の夢の意味を解き明かし、無意識の奥底に隠されている声を聴く。心という目に見えないものを扱うところに、神秘的なものを感じていたのだと思います。

もちろん、それは神秘の仕事なんかではありませんでした。いま貯金がいくら残っているのかを尋ね、クライエントの上司に丁重な意見書を書き、To Doリストを作るのにちょうどいいアプリを一緒に探す。カウンセリングでなされているのは、地味で、プラクティカルで、現実的な作業の積み重ねです。

当然です。クライエントの苦悩は、シビアで、タフで、身も蓋もないリアルの中にあるのだから、心理士がリアリストじゃなかったら、困る。

それでも、今でもひとつだけ、神秘的に思えることがあります。

「聞くことのちから」です。

苦境にあるとき、誰かが話を聞いてくれる。不安に飲み込まれ、絶望し、混乱しているときに、その苦悩を誰かが知ってくれて、心配してくれる。

ただそれだけのことが、心にちからを与えてくれる。現実は何も変わっていないのに、不安が和らぎ、考えるちからが戻ってくる。

これが神秘的だと思うのです。

そのとき、心はまるで小さなボールみたいに思えます。

ボールが人から人へと手渡される。自分一人では持っていられないボールを、誰かが一時的に預かってくれる。すると、負担は軽くなり、心に本来備わっていたちからが蘇ってくる。

ふしぎです。心はどう考えてもボールじゃないのだから。

もちろん、臨床心理学にはいろいろな理論があって、たとえば「投影同一化」とか「コンテイニング」とかいう難しめの言葉で、「聞くことのちから」について説明がされています。あるいは、脳科学なんかでは「ミラーニューロンによって……」という説明があるのかもしれません。

それはそれで一応の納得はいきます。「ああ、そうなんだ」とは思う。

でも、僕にはどうしても神秘に思えてしまうんです。

ふしぎじゃないか。どうして聞いてもらうだけで気が軽くなるのか。ボールのようにして、**心が人と人との間をポンポンと移動するだなんて、魔法みたいではないか。**

ただ、メカニズムがどうであるのかは、多分どうでもいいのでしょう。

実のところ、この神秘はすべての人が知っているありふれた現象であるのだから。誰にだって、聞いてもらって、気が楽になった経験が一度はあるはずです。むしろ、僕たちが「聞くことのちから」を忘れてしまいやすいことのほうが問題です。

「誰かに聞いてもらったところで、なんの意味があるんだ？」

苦境に置かれ、孤独になり、心が絶望に覆われたときに、「聞くことのちから」は忘却される。

いや、結局のところ、その力を見失うことを「孤独」と呼ぶのだと思います。

重要なことは、孤独じゃないときには誰もが知っている、この**当たり前の神秘**を覚えておくことのはずです。

そのために、この本は書かれました。

ボールのようにして絶望や孤独を他者に預けることができること、すると心の中の空いたスペースに小さな希望とつながりの感覚が生じること。

人間と人間の間には、そういう神秘が存在すると思うのです。

*

さあ、結論を述べてしまいましょう。
この本で言いたかったのはシンプルなことです。

聞く技術　本質編

「なにかあった?」と尋ねてみよう。

どうしてもそう言えないときには、聞いてもらうから、はじめよう。

聞いてもらう技術　本質編

「ちょっと聞いて」と言ってみよう。

今はそう言えないときには、聞くところから、はじめよう。

ザッツ・オール。

とはいえ、できれば、聞いてもらうから、はじめてほしいと思います。「聞くことのちから」は聞いてもらったときにこそ、深く実感されるものだと思うからです。

*

実際、この本もそのようなちからによって作られました。聞いてくれたのは朝日新聞記者の高久潤さんと筑摩書房編集者の柴山浩紀さん。

そもそも朝日新聞の連載『社会季評』は3カ月に一回、高久さんが僕のオフィスに訪ねてきてくれて、散々話を聞いてもらうことで書かれていたものでした。

いや、高久さんはおしゃべりだから、彼のほうがしゃべっていた気もするのですが、とにかく2時間ほど二人でしゃべっていると、気づけば評論の骨格ができているのがふしぎでした。

そうやって生まれた評論を核として本を作る気になったとき、話を聞いてくれたのは柴山さんでした。

いろいろと話し合った結果、心理士としての実感をそのまま伝えるためには、まずはざーっとアイディアを語りおろして、それをもとに原稿にするのがいいのではないかということになりました。

高久さんにインタビュアーになってもらい（このときも高久さんはしゃべりまくっていたが！）、柴山さんに聞き手になってもらいました。筑摩書房の会議室で、新橋のルノアールの会議室で話をしたものを、柴山さんが書き起こし、それをもとに書きおろしたのが、本書のマニュアル部分と解説部分です。

この本は彼らに聞いてもらうことによって生まれた、ということです。


こういうとき、「とはいえ、最終的な文責は私にある」と締めくくるのが出版界の慣例なのでしょうが、今回はそれに与(くみ)しません。

文責は僕だけじゃなくて、二人にもあるはずだ。そう感じているからです。

「聞いてもらう」に宿る神秘の正体。

それは**責任の分担**だと思います。

僕が著者として、最終的にこの本の責任を負わざるを得ないように、僕らは今、人生の責任を自分ですべて背負わねばならない社会を生きています。それはわかっている。しょうがない。そういうルールです。

でも、その苦しさを誰かが聞いてくれるとき、部分的ではあるだろうし一時的なものかもしれないけれど、僕らは一瞬、責任を誰かが分け持ってくれている気がします。

責任の一部がボールのようにして、誰かに手渡される。その人にはその人のキャパシティがあるから、小指ほどのちからしか貸せないかもしれない。

それでも、他者が重たいものを一緒に持とうとしてくれていることは伝わる。これが気を軽くしてくれる。

いや、違います。

そういう主観的な感覚だけの問題じゃありません。重要なのは、何かあれば、その人に**また相談ができる**というソリッドな事実があることです。

そのとき、僕らはもはや孤独ではなくなっている。
これこそが「聞くことのちから」だと思うのです。

以上、この本の最終的な結論です。
ということで、何かあれば、高久さんと柴山さんにもちゃんと言ってくださいね。
お叱りも、厳しいご指摘も、うれしいご感想も。

２０２２年７月４日　聞いてもらったあと、北参道のドトールにて

東畑開人

＊本書に登場する事例は、プライバシー保護のため、著者の臨床経験を匿名化して、断片化して、再構成したものです。

ちくま新書
1686

聞く技術　聞いてもらう技術

二〇二二年一〇月一〇日　第一刷発行
二〇二四年　八　月　五　日　第九刷発行

著　者　東畑開人（とうはた・かいと）
発行者　増田健史
発行所　株式会社 筑摩書房
東京都台東区蔵前二―五―三　郵便番号一一一―八七五五
電話番号〇三―五六八七―二六〇一（代表）
装幀者　間村俊一
印刷・製本　株式会社 精興社

ISBN978-4-480-07509-3 C0295

ちくま新書

1667 子どもに学ぶ言葉の認知科学 広瀬友紀
ヘンテコな答えや言葉遣いには、ちゃんと意味がある。子どもの、あるいは人間一般の心の働き、認知のしくみ、言葉の法則や性質について、楽しく学べる一冊。

1652 だからフェイクにだまされる ――進化心理学から読み解く 石川幹人
人がフェイクニュースや嘘にだまされてしまう7つの心理的トリックを取り上げ、「疑う」態度を身につけることを推奨し、かつ社会的制度作りも必要なことを説く。

1617 情報生産者になってみた ――上野千鶴子に極意を学ぶ 上野ゼミ卒業生チーム
かつて志望者ゼロだったこともある〝最恐のゼミ〟で、卒業生たちは何を学び、どう活かしてきたのか。上野千鶴子『情報生産者になる』の必携副読本。

1606 ヴィジュアルを読みとく技術 ――グラフからアートまでを言語化する 吉岡友治
仕事で目にするグラフや美術館のアート作品など、視覚に訴えかけてくるものは多い。でも、それを読み取り、言葉にすることは難しい。そのための技法を伝授する。

1551 問いの立て方 宮野公樹
テーマ、課題、目標と大小問わず「問い」には様々な形がある。では、どの問いにも通用するその考え方とはなにか？　その見つけ方・磨き方とあわせて解説する。

1541 手話の学校と難聴のディレクター ――ＥＴＶ特集「静かで、にぎやかな世界」制作日誌 長嶋愛
難聴のＴＶディレクターが手話の学校にやってきた。そこでみつけた「共に生きる」ことの意味とは――。ＥＴＶ特集『静かで、にぎやかな世界』の舞台裏。

1531 言霊と日本語 今野真二
非科学的と考えられがちな江戸の国学者の言霊研究だが、現代言語学に通底する発見もあった。ことばの渉猟者の足跡をたどり詩的言語としての日本語表現に迫る。